How Love Works

A new approach to lasting partnership

亲密关系的秘密

[英] 杰夫·艾伦（Jeff Allen） 著
刘仁圣 译

CNS PUBLISHING & MEDIA 中南出版传媒
湖南文艺出版社 HUNAN LITERATURE AND ART PUBLISHING HOUSE
博集天卷 CS-BOOKY

图书在版编目（CIP）数据

亲密关系的秘密 /（英）杰夫·艾伦著；刘仁圣译
. -- 长沙：湖南文艺出版社，2021.11
ISBN 978-7-5726-0392-1

Ⅰ. ①亲… Ⅱ. ①杰… ②刘… Ⅲ. ①心理学一通俗读物 Ⅳ. ① B84-49

中国版本图书馆 CIP 数据核字（2021）第 201265 号

上架建议：畅销·情感自助

QINMI GUANXI DE MIMI
亲密关系的秘密

作　　者：［英］杰夫·艾伦（Jeff Allen）
译　　者：刘仁圣
出 版 人：曾赛丰
责任编辑：吕苗莉
监　　制：邢越超
策划编辑：李齐章　李美怡
特约编辑：李美怡
营销编辑：文刀刀　周　茜
封面设计：潘雪琴
版式设计：李　洁
封面插图：视觉中国
内文排版：百朗文化
出　　版：湖南文艺出版社
（长沙市雨花区东二环一段 508 号　邮编：410014）
网　　址：www.hnwy.net
印　　刷：三河市中晟雅豪印务有限公司
经　　销：新华书店
开　　本：880mm × 1270mm　1/32
字　　数：171 千字
印　　张：8.5
版　　次：2021 年 11 月第 1 版
印　　次：2021 年 11 月第 1 次印刷
书　　号：ISBN 978-7-5726-0392-1
定　　价：49.80 元

若有质量问题，请致电质量监督电话：010-59096394
团购电话：010-59320018

推荐序
看见亲密关系中的自己

1

“曾经，有一份真诚的爱情放在我面前，我没有珍惜。等我失去的时候，我才后悔莫及，人世间最痛苦的事莫过于此……如果上天能够给我一个再来一次的机会，我会对那个女孩子说三个字：我爱你。”《大话西游》的这句经典台词，说中了亲密关系的一种普遍困境：看不清自己在关系格局中的真实情况和自我，进而做出错误的选择，于是懊悔终生。

如何看清亲密关系中的自己？又如何看清关系中可能会出现的各种阶段性问题呢？眼前这本《亲密关系的秘密》可能提供了到目前为止最系统的解决方案。作者把亲密关系分为蜜月期、权力斗争期、死亡区期和伙伴关系期四个阶段，并给出每个时期走出关系困境的办法。

不得不说，这是一个非常具有对照意义的划分框架，每个人都可以以此看清自己的亲密关系情况，从而避免糟糕的结局。对于一些关键时期的问题，比如死亡区期的出轨问题，作者结合自身经验做了专门的分析，提供了一个非常好的参考案例。此外，还有许多有针对性的技巧性建议，可以说非常好读又实用。

2

作者杰夫·艾伦是世界著名的“人与人心理学”导师，他和妻子苏珊共同成为英国“人与人心理学”的推动者，结合个体亲密关系经验和多年的咨询经验，写出了这部堪称“亲密关系宝典”的著作《亲密关系的秘密》。这本书我看了不止一遍，受益良多。

亲密关系问题是每个人都可能遇到的问题，可每个人的独特性让指导意见很难有具体的帮助。这本书最大的特点是既有对亲密关系阶段的梳理，也有非常具体的案例与技巧，可以帮助我们不在亲密关系中迷失。

亲密关系可以说是一个人类性的难题，现在人们越来越不愿意结婚，越来越不愿意建立亲密关系，这背后有现代人重建自我的欲望。但批判婚姻归批判婚姻，建立亲密关系还是很有必要的。为什么呢?

精神分析的客体关系学派认为，人生来就是为了建构关系。用通俗的话来说，我们通过外部关系才能见证自己的存在，才能重塑自己的存在。所以，建构关系是必要的。

现代人批判婚姻自有道理，但放弃建构亲密关系也是一条歧路，这条道路不仅让我们走向关系瓦解，也让我们走向自我停滞和自我毁灭。

如果说离开原生家庭是人的第二次出生，那建构亲密关系就是长成全新自我的最好也最难的路径，因为婚姻这种关系是稳定关系中的相对容易形成的客体关系，这种客体关系是普通人最有可能建构外部心理结构的环境。除此之外，普通人其实没有太多办法建构自己的稳定的外部心理结构。

有人会说，还有公司、国家，还有其他组织呀。说得没错，这些组织的确可以陪伴你一生，但是没办法形成日常的心理支撑。这些组织可以提供的是客体关系的大环境，但无法提供每天都可以给予爱与支持的亲密关系。况且，因为建构公司这种事业性客体关系太难，大多数普通人不可能做到。至于建构思想性组织，那比建构公司还难，普通人根本无法操作，自然不具备普遍的实践意义。

最终我们会发现，在亲密关系中建构自己是最可行的路径。

3

人只有在关系中才能重构自己，亲密关系则是我们看见自己、成为自己的修罗道场，是作为一个社会人必须经历的、重塑自我的场域。

古典精神分析理论认为，人的内驱力之一是生殖（性）本能。后来的客体关系学派认为，人活着是为了建构关系和关系中的自己。这两种洞见都有其立足之地，也各有深刻之处。

人为什么要建构亲密关系呢？除了满足本能的生殖欲望，也为了建构提供镜像反馈的关系。在亲密关系中，我们不仅获得存在感，也可以看到自己。

人建构亲密关系的时候，其实是在重构一个客体关系结构。这有两种可能：一种是强迫重复父辈式的亲密关系；还有一种就是逃避父辈式的亲密关系，并重建属于自己的亲密关系结构。

无论哪种方式，由于人是全新的，就算强迫重复父辈式的亲密关系中的成分，新的关系结构也会有新的元素。这样一来，建构亲密关系其实是一次自我重生的可能，也可以说，建构亲密关系是人的二次重生。这次亲密关系中的重生意味着，如果没有关系环境的养育，人就不可能成为一个社会意义上的人，更不可能成为自己。

在亲密关系中看见自己的最终目标是成为自己，但在此之前你必须建构好亲密关系的结构。因为亲密关系是我们每个普通人建构外部心理结构的最可行的路径。

诗人苏东坡有诗言：“不识庐山真面目，只缘身在此山中。”

这句话不仅富含哲理，也说出了心理咨询的一个本质：分析并帮助人们看到自己的真面目，从而可以重新选择去做那个最好的自己。

如果你想看清关系格局中的自己，想改进关系和重建自我，那就从阅读这本书开始吧。这本帮助我们处理亲密关系问题的书，不仅可以引导我们看见亲密关系中的自己，还提供了建构美好关系的各种可能与技巧。

戴君

（拉康派分析师，精神分析行知学派成员）

推荐序
心理咨询师、黑格尔与亲密关系穿越之道

读完英国“人与人心理学”流派创始人杰夫·艾伦的作品《亲密关系的秘密》之后，我不禁感慨：我们读一本书时，往往会看到自己；我们读一本内涵丰富的书时，往往会看到不同的自己。

作为一名有三十年学习和教研经历的心理学工作者，我特意觉察了阅读这本书的心理体验过程——第一次读到这本书时，就看到了“两个自己”。

首先，作者几乎是在“消灭”亲密关系方面的心理咨询师这个职业，因为作者把亲密关系的本质、误区和注意事项，说得清清楚楚，用心的读者，认真阅读并践行，几乎不用再为解决亲密关系问题找心理咨询师了。如果读者能够举一反三，自己成为自己的心理咨询师，自然就不用再花钱去咨询室接受专业咨询师的服务了。

从 2012 年开始，我常常跟一群热心的心理服务工作者一起总结、

研讨，并提出“动力沟通”这个中国化的心理学流派理论，我一直强调，要让每个人都能成为自己的心理咨询师，成为自己的陪伴者、关照者，随时能够觉察思想的误区，不断解放思想、实事求是，跟周围人构建越来越厚实的命运共同体——越来越密切和谐的真实关系，并最终“消灭”心理咨询这个职业。为此，我们也出版了 12 本书，一度自我感觉满意。

读了杰夫·艾伦的《亲密关系的秘密》后，我发现，他写得更流畅，更有味道，更能够帮助读者在亲密关系领域陪伴和关照自己，成为自己命运的主人，进而陪伴、关照好自己的亲密关系伙伴。这里的伙伴包括了伴侣、家人、朋友、同事等。在“消灭”亲密关系方面的心理咨询师这个职业上，这个英国人成就斐然。

其次，最近几年，我潜心研究黑格尔的《精神现象学》，常常琢磨如何把其中的智慧，融会到心理学中去。我非常惊喜地从这本书里，看到了类似的表述，比如，“我们生气的原因永远都不是我们以为的那一个”。

为什么会这样？黑格尔告诉我们，当我们丧失了自我意识，陷入某种跟环境脱节的固体般的思维中时，我们才会生气。换句话说，生气的人，既不能正确认识自己，也不能正确认识对方，真理已经从生气的人那里逃走了。

又比如，“在争吵的底层，每个人的感觉都是相同的”。

为什么会这样？黑格尔告诉我们，当两个人发生争吵，彼此都觉得对方不可理喻，自己是在对牛弹琴时，争吵的双方就都离开了“本质”和“概念”，而进入了带着强烈情绪又无法组织的“存在”阶段。这种状态，可以比作一个充满欲望却口不能言的婴儿。两个互相争吵的人，就是两个无助的婴儿，他们都需要一个在旁边陪伴、关照的母亲！

书中类似的例子很多，我就不一一列举了。从这本书中，我看到了作为“动力沟通”这个心理学流派倡导者的自己，以及作为黑格尔研究者的自己。不知读者您能够看到什么样的自己？我很好奇，再过几年，如果自己有了变化和成长，还能从这本书中再看到些什么？我充满期待。

在这部旨在帮助读者穿越亲密关系的重重迷雾的激情之作当中，杰夫·艾伦干脆而直接地揭示了，不仅在亲密关系的问题中，而且在我们整个人生的其他问题中，爱和勇气几乎是唯一的穿越之道：

当你看着自己的人生，并且意识到唯有无惧的勇士才可以攻克一切难关时，你就能接受，你来到世上的使命就是要成为一个这样的人。

王文忠

（心理学博士，中国科学院心理研究所研究员、沟通研究中心主任，“动力沟通”理论与实践的倡导者）

自序

Preface

这本书虽然主要针对在亲密关系上遇到困惑的人，但是它也很适合那些想知道美妙关系的经营秘诀的人。不管你目前是否有亲密关系，不管你和伴侣现在是正爱得火热还是相互攻击，或者，你还在怀念之前的伴侣，你都会从这本书中获得不少的启发。

《亲密关系的秘密》这本书，是我和妻子苏珊三十多年一路走来，我们所经历的心路历程的回忆录，同时也收录了一些向我们寻求心理咨询的客户和“人与人心理学”工作坊的参与者的小故事。当然本书用来说明原则所列举的例子，都已经经过整理并且替换了当事人的真实姓名。另外，我们还会设置一些练习内容或问题，我们希望这样可以使大家把这些心理学的原则运用到实际生活之中，而不只是把它们当作一些很好的理论或概念。

这本书还将列出在亲密关系中大家常犯的错误和常有的自我臆见，

揭穿至今还流传甚广的所谓“真爱”的迷思。之后，本书将带大家深入地了解典型的关系阶段，本着“人与人心理学”原则，引领你在亲密关系中隐藏的各种谜团、误区、陷阱、诱惑和喜怒哀乐之中穿越。这些原则适用于所有的关系，不管是异性还是同性，同时也适用于我们与朋友、兄弟姐妹、父母、监护人、姻亲、孩子以及其他的人与人之间的关系。

如果你目前正在亲密关系中挣扎，对你们的未来感到悲观或沮丧，那么，了解你和伴侣之间所散发出来的动能，可能有助于你们关系的改善。以我们为例，当我们弄清为何与当初深信是那个“唯一”的人在一起，后来却把关系搞得如此乌烟瘴气时，这真的让我们松一口气啊！

本书的最后部分，扼要说明了我们最新的研究成果。我们改写了过去心照不宣的关系法则，说实在的，过去那些方法已经过时，不再适用，套句俗话说“完全不可行”。是时候向前迈进了，在看似最不可能之处寻找亲密关系中的和谐与爱，让双方不再互相指责、羞辱和争斗。

我们对读者唯一的请求是：从头到尾保持一颗开放的心。其中提及的许多心理学原则，需要我们在对生命和生活的核心信念上做一些改变。这些原则，我和妻子磨合了许多年才将它们融入生活，所以，我们并不期望大家一下就能完全明白所有的原则。

我们期望这本书成为大家解决问题的工具、生活中的良师益友。

当你们的亲密关系看似暗淡不明，陷入绝望无助的深渊时，你可以求助这本书，同时也让这本书成为你的指南，指引你如何做得更好。凡事一定有更好的出路，这就是我们对更好的方法的解读。本书所提及的原则与方法是我和妻子三十多年来，在实际生活中验证行得通的，我们深切地冀望这本书能协助每一位读者找到持续永恒的幸福快乐。

目 录

Contents

第一章

爱情深处究竟藏着什么

第三章

外遇和你不知道的秘密

第四章

在亲密关系中成长

第一章

爱情深处
究竟藏着什么

生活是一种态度，爱情更是一种态度；我们有着什么样的认知，就会结出什么样的爱情之果。从辩证的角度看，爱情和人生一样，不可能完美；冥冥中形色各异的人拥有着千万种不同的爱情，可谁又能得到理想中尽善尽美的爱情呢？

在爱情里最美好的不是两情相悦，而是在两情相悦中，你看见了最美好的自己。

第一节
破解六个致命的爱情迷思

结婚誓言完全写错了，第一条应改为：
“你愿意与这个人一起上刀山下油锅数千次，
以疗愈你内心的创伤吗？”

爱情这条航道行驶起来并不容易，途中充满曲折，许多夫妻都无法安然渡过其中的暗礁险滩。为什么真爱这么难寻？为什么我们要遭受这么多的心碎和折磨？之所以出现那种让我们觉得天旋地转，就好像周遭的世界正在瓦解的痛苦，其实是因为**我们在成长的过程中，带着太多对爱情和亲密关系的误解**。当意识到我们对它竟存在那么多迷思时，你一定会感到非常震惊。

迷思一：一切总是被上天安排得刚刚好

学校是怎么教你建立幸福、快乐、有爱的亲密关系的？说白了，学校根本没有教我们这方面的技能。良好的人际关系应当算社会结构的基石，但令人惊讶的是，国家的基础教育对此毫不在意。基本上大家都把这看作和初为父母一样，时间到了，现实中发生了，我们的本能就知道该怎么做，仿佛一切都自然而然。然而，当问题真的发生，我们才恍然大悟，原来我们对关系经营一窍不通。我们一头栽进关系中边做边学，犯下一堆错误，然后在屡战屡败后，竭尽所能地蒙混过关。

大多数人学习亲密关系的方法，是通过我们生活中榜样的示范来获得的，也就是我们的父母。尽管他们已尽心尽力，但是大多数父母在亲密关系上并不具备基本能力，更别提什么良好的亲密关系的经营技巧了。都说我们的幸福取决于找到适合的伴侣，从某种程度来看，这倒也是真的。不过，更准确的说法是，一旦我们承诺于伴侣，我们的幸福快乐就取决于我们和伴侣之间的联结程度了。

我们经常听说一些冲动短暂的婚姻，有的婚姻短到只维持了 24 小时。可以确定这样的夫妻是一时冲动、意乱情迷，当蜜月期结束，梦幻破灭后，双方都觉得这真是一场天大的错误。而在蜜月期，双方都觉得一切都被上天安排得刚刚好。

在恋爱或婚姻中，如果你们第一次吵架后就认为你们的关系已经结束了，那你们的关系一定不会长久，而且很可能会加速变得更加糟糕。如果你正好如上所述，又正好看到这里，或许是时候该醒醒了，**蜜月期结束并不代表亲密关系已经穷途末路，正相反，这个时候正是要开始好好经营亲密关系的时候了！**

迷思二：王子和公主过着幸福快乐的生活

我们在成长过程中，每晚临睡前做的最后一件事情就是听故事。无数童话故事的结局是“王子和公主从此过着幸福快乐的生活”。因此，任何资深的心理咨询师几乎都知道，这句话已经深深地刻在我们的潜意识中并且我们信以为真了。我们以为一旦找到属于自己的王子或公主，就会从此幸福快乐一辈子。让我们面对现实吧！在你个人的生活或亲近的朋友圈中，你真正见证过多少像这样简单唯美的“童话结局”？说实在的，能拥有这般美好关系的人确实幸福之至，也幸运之至。

浪漫文艺的爱情电影更是延续这个迷思的罪魁祸首。这类电影的片尾通常是银幕情侣热烈拥吻，并且高调地向世人宣告他们那永恒不渝的爱情。比如说，男女主角愉快地向大家挥手告别，接着镜头就跳至他们手牵手漫步在夕阳下的画面。这是电影的结局，在真实的生活中，坠入爱河和结婚不过是亲密关系的开场白而已。相爱容易相处太难！**当蜜月期结束后，有些人对接下来的经历会感到恐惧，觉得与自**

己当初想的完全不一样，并担心是不是自己已铸成大错，其实真正的亲密关系的课题才刚刚开始！

迷思三：伴侣就是救我脱离苦海的

电影《怪物史瑞克 3》里有一幕：童话公主们被困在一所监狱正计划想办法逃出来。

白雪公主说：“来吧！女士们，各就各位！”（只见睡美人呈入睡状；长发公主把头发编成辫子坐在高脚凳上；白雪公主摆出她在棺材里躺下的姿势；灰姑娘坐在地板上，凝视着天空做发呆幻想状。）

费欧娜公主问：“你们在干什么啊？”

白雪公主恼羞成怒，答道：“等待被救援啊！”

在某种程度上，我们不都是被告知，爱情就是这样的吗？特别是对女士们来说，被一位英俊潇洒的骑士拯救和护送的这种想法，至今仍然相当诱人。你结婚那一天是你一生中最特别的日子，但也可能正是从这一天起就开始走下坡路。**我们在亲密关系中犯下的最大的错误之一，就是以为伴侣的存在，是为了要满足我们所有的需求，以及拯救我们脱离痛苦、孤单和绝望**。殊不知，这份重大的责任并没有人可以胜任。实际上理想伴侣不是你的救世主，不过，他们确实可以成为打开你内心世界的钥匙，使你最终能够拯救自己。

迷思四：真爱能够战胜一切

这个迷思也同样深入人心，而且至今盛行。我们放不下真爱可以拯救我们的想法，我们在心里默想：只要找到真爱，就可以过着幸福快乐、理想与圆满的生活。**然而亲密关系真正的目的是要我们认识自己，并且疗愈过去的伤痛**。唯有做到这一点，我们才会感到幸福快乐。

你的伴侣是你的一面镜子，反映你尚未疗愈的自我。没有人可以像他或她一样轻易地触碰到你的死穴。我们心灵的所有创伤，在某个时刻都会在我们的关系中显现出来，好让我们有机会检视并且疗愈自己。

迷思五：事情变得棘手意味着亲密关系就要结束了

在亲密关系发展的过程中，当一些棘手的事情出现时，关系才真正地开始，蜜月期结束后才是见真章的时候。

在线下的工作坊中，我们遇到许多人宣称他们想要亲密关系，不过，当他们深入了解后，他们开始焦虑：坠入爱河、敞开心胸可能会再次受伤。听起来的确令人望而却步，他们太害怕再次经历曾经一样的悲伤。最终他们被难以修成正果的伴侣吸引，对方很可能是已婚、长年居住国外或无法做出承诺的人，而结果就是他们再次入住心碎酒店，并且陷入绝望的深渊。为什么？他们感到不解，为什么自己的亲密关系总是难以如愿？

真实不渝的爱从来都不适合胆怯的人，你需要敞开心扉。不过，当你真的这么做时，过去在底层的所有不曾表达的悲伤和痛楚一定会再次浮现出来，好让你可以彻底疗愈。

唤醒你的心的同时也意味着唤醒你的痛苦。心碎的痛让你的心从此关闭，不管你的关系一路走来多么艰辛或多么痛苦，如果你可以用中正的角度去看，你会发现，这一切的发生自有其意义，要让你从中去学习什么。

迷思六：只要对方改变，我们就会快乐

当蜜月期结束后，我们都会跳入自掘的陷阱中，挑剔、不满与争吵将随之而来。韦恩·戴尔博士有句名言："当你改变对事物的看法，你所看到的事物也会改变。"这句话也适用于亲密关系。你喜欢别人对你的过失唠叨和说教吗？唠叨和批评有助于刺激他人改变吗？会不会反而刺激他们反其道而行之，让他们更加坚持己见并为自己辩护？

强迫别人改变，好让自己感到快乐，这不是爱，这仅仅是一种需求。而且从长远来看，这种伎俩永远不会成功。如果你真想伴侣改变，那么，最好的方法就是改变自己，很神奇的回报是：当你改变，你的

伴侣也会改变。他们不得不改变，以适应全新的你。（别担心，如果你对这一切感到困惑，我们稍后会在书中详加说明。）

我们说过，真爱不会救你脱离苦海。相反，它会引发所有你尚未被疗愈的痛苦。**这些痛苦是你个人的责任，和你的伴侣无关，尽管他（她）看起来很像那个罪魁祸首**。就算你的伴侣真的为你改变（真是令人嫉妒），你的那些痛苦仍然存在，而且一定会被某些人再次引发出来，或者在某些情况下展露无遗。

如果你还是不愿意相信我们，依然对你的伴侣唠唠叨叨并要求他（她）改变，那么接下来就看你的造化了，祝你好运！（你绝对需要来点好运。）

除非你不看任何电影、肥皂剧、童话故事或浪漫文艺的小说，不然，你可能已经有意无意地被一个乃至所有的爱情童话收买了。

我们人类天生就是说故事的高手，从英国皇室举行的婚礼就可看出我们集体神话的力量。曾经数百万人观看查尔斯王子与戴安娜王妃的婚礼，最近则是观看威廉王子与凯特王妃的婚礼。原因不是英国皇室特别迷人，而是这种特殊场合与我们每个人内心的那份神话产生了共鸣。我们有谁不曾梦想找到自己的王子或公主呢？就算我们已不再相信这些童话，这种盛况仍然莫名地打动我们，虽然我们并不知道为什么，但这个课题值得我们深入地探索。

指点迷津

想想你目前的亲密关系，如果你现在是单身，那你就回想上一段关系。回想上一次争吵或为某事感到不悦，当时是否正上演某一幕童话故事中的场景？是否你心中对爱情有所期待，而你的伴侣却没有配合演出？

- 现在用全新的视野回顾当时的情况，问问自己，你期待的是哪一个有关爱情的浪漫梦想或童话故事呢？
- 现在问问自己，你是从什么时候开始抱持这个童话般的期待的呢？答案很可能早在你遇见你的伴侣之前。
- 现在你是否愿意放下这个期待，而不是将其加诸你的亲密关系之上？
- 当你放下之后你就会知道：因为感觉不同了，你会变得更轻松，并且更乐于接受其他的解决之道。

可以说，**结婚誓言完全写错了，第一条应改为："你愿意与这个人一起上刀山下油锅数千次，以疗愈你内心的创伤吗？"**

是时候破解这些爱情迷思了，去看清楚亲密关系的真实的面貌。虽然这并不容易，很可能非常艰巨，但是这绝对值得。

第二节 驱动所有关系的无形力量

真爱的光芒照亮所有不真实的自我，为的是让自我被看见、被转化和被疗愈。

美国南加州大学医学院神经科学与心理学教授达马西奥的《感受发生的一切》一书中提到，基本上，我们全都受到情绪的驱使。达马西奥认为，我们的情绪塑造了我们的意识，也让我们觉知到了自己。

亲密关系是一种高度情绪化的体验。虽然你也许拥有高智商、丰富的学识，但这并不能保证你会拥有成功的爱情生活，事实上，也未必会拥有成功的人生。

戈尔曼在他的代表性著作《情感智商》中指出，一个人的成功只有 20% 归功于智商，其他部分则与情商有关。

客户的故事

当乔治来找我们时，他非常绝望。身为一位成功的生意人，他很注重自己解决问题的能力。他不仅期望自己的才智与成就高人一等，同时也期望身边的人皆是如此。他有一个阵容强大的冠军团队，团队中的人设定自己的目标，并且鞭策自己要心无旁骛地达到目标。乔治一心打造一个志同道合的终极团队，他听不进任何负面或质疑的意见，更不会去讨论任何负面的话题。

然而，团队中发生了一件令人错愕的大事：他们中的一位同事自杀了。每个人都为此感到非常震惊，但工作一如既往，没有受到一丝影响，尽管团队也对那位同事的家属表示了慰问，并且招来了新的同事递补。没有一个人在办公室提起这个话题，大家都在刻意回避这件事。看起来一切似乎都进行得很顺利，团队却渐渐地变得越来越没有效率，不再像之前那么有凝聚力，每一个任务几乎都得耗上几倍的精力才能完成，他们开始失去很多订单。乔治用他一贯的理性思维分析，结果让他感到相当困惑，他明知有些不对劲，却不知该如何解决。他用尽所有的办法想扭转这个局面却徒劳无功，为此他开始感到沮丧，并且脑海里闪现出一些失败的念头。

我们告诉乔治，问题出在情绪管理上，他需要迅速认知一些新的课题。首先，人自杀的原因之一是内心觉得很糟糕或感觉像个失败者，大多很沮丧，正像乔治现在开始体验的感觉。然而不只他感到不好受，其实团队的每位同事都有相同的感受。其次，假如他们有机会说出内心的想法和感受，每个人就可以说出他们内心那份无法给予同事实时支持，没有留意身边同事真实感受的内疚和难受。罪恶感让人退缩，而当他们退缩时，所有的工作都会变得难以推进。就好像每个人都筑起了一道墙，试图保护自己免于情绪决堤。

乔治终于开始意识到情绪的重要性，以及关心周遭同事感觉的必要性，这些都是很重要的教训。

我们的情绪推动我们的行为，尽管我们企图用理性思维“逻辑地”合理化地解释一切。没有人的行为是偶发的，我们所有的行为方式都反映出底层的感觉。当我们感觉良好时，我们很容易就会表现很好；当我们感觉不好时，我们就会以某种方式企图将这些不好的感受加诸旁人身上。所以当我们意识到自己的感觉和明白我们所作所为的原因后，相对地，我们也能理解他人的所作所为。我们的 EQ（情商）造就我们在感情和人生方面的成功，而不是 IQ（智商）。

每个人在关系中或多或少都有怒不可遏的时候，为了避免未来再次情绪爆发，我们很可能会努力地压抑我们的情绪。然而，**压抑情绪**

并不是一个好的策略和选择。

苏珊： 在我和杰夫分居前，压抑愤怒和不满绝对是我们关系的一个特点。几乎每次当我们试图打破沉默，正要切入重点时，我们就会开始大吵大闹，那种强烈的情绪让我们都感到害怕。当我们隐约地感受到那些过往未化解的情绪大杂烩出现时（主要是罪恶感），我们就开始大玩“互相责怪”的把戏，将以往我们犯的所有错误全部拖入战场（翻旧账）。所以，感觉上我们总是在绕圈子，没完没了，最终我们就放弃了。

美国作家黛比·福特在其著作《好人为什么想做坏事》中将压抑情绪的影响比喻为沙滩球效应。一颗充满气的沙滩球只有在你将它压入水底一段时间后，它才会从水底反弹造成水花四溅，甚至打在你或他人的脸上。**情绪本身有其能量，需要有适当的管理或释放的出口。**假设，你选择对起伏的情绪不以为意，那么你就会和你的伴侣产生距离，而你们的关系也会就此结束。你们不只关系会停滞不前，而且也无法创造幸福与成功。

正面情绪创造正面的结果，我们不需要对此做任何改变。我们不会花时间，和朋友或心理咨询师商讨哪些事情进展顺利。**到底是什么力量触发我们的情绪？它就是所谓的潜意识，对我们的生活有极大的影响力，然而多数人似乎还没有觉察到它的存在。**

潜意识深处的图景，塑造了现在的你

大家都以为我们正在驾驭自己的人生，控制一切。但真实的情况是，我们在自己和他人身上所看到的言行举止，都只不过是冰山一角。

其实，我们的大脑中，只有一小部分是有意识地做出理性的决定的。这一小部分的意识称作表意识。其他潜藏在表意识觉知之下的则是巨大的潜意识，这就是所谓的冰山理论。这是一种隐喻，意指我们表面上的行为其实只是反映内心极小部分的状态。如果我们没有意识到这部分隐藏的自我，那么它很可能会对我们的“船”造成严重的破坏。如果我们看不到水平面（表意识）之下的冰山（我们的潜意识），一旦我们毫无觉察地将过往的“包袱”带进亲密关系之中，那它很可能就会从中进行大肆破坏。

在冰山模式中，顶层代表发生在我们身上的一切，即他人对我们所做的一切、我们与他人共同做的一切，这包含了我们的表意识或者叫作显意识世界。

然而，我们的表意识的行为受我们的情绪和感觉所驱使。我们的行为和表现，来自我们内心的感觉，人皆如此。如果我们不深入地了解行为背后的原因，我们就无法理解他人的所作所为，因而对他们心生恐惧或产生误解。

在我们表意识的“水平面”之下是我们的潜意识，记载着我们

生命中所有的体验与记忆。这是一个非常先进的设计，也就是当我们学会某种技巧后，就再也不用去想该如何做，它会自动运行，以后的每一天我们都会启动这个自动运行装置。就像学骑自行车一样，在初学时我们可能会不断跌倒，一旦我们掌握其中的窍门，我们就不会忘记。这种模式会储存在我们的潜意识中，我们很自然地就会习以为常。

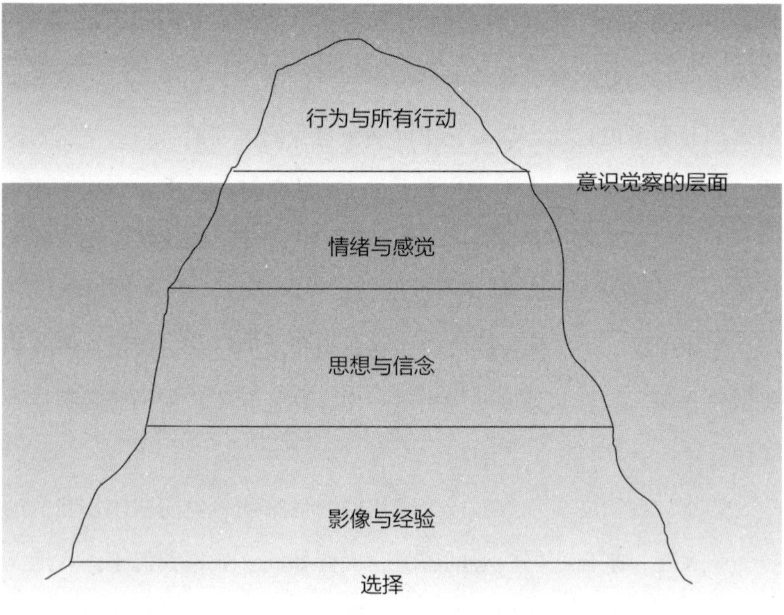

潜意识能够解答所有问题

潜意识也蕴含所有我们童年时形成的关于我们是谁、世界运作的方式和世界是否善待我们等一系列深层的想法与信念，同时它还夹带着所有伴随这些信念、想法而产生的复杂与压抑的感觉。

举例来说，假设你害怕水，那么不管你用多少理性信念，也无法让你在进入游泳池时不感到某种程度的恐惧，甚至惊恐。尽管在理性上你非常清楚地知道，水并没什么好怕的。训练有素的心理咨询师，可以带你回到首次储存在潜意识中的情境，通常是一些事件，例如，失足跌入游泳池时，当时还很年幼的你感到害怕或受创。就在那个时

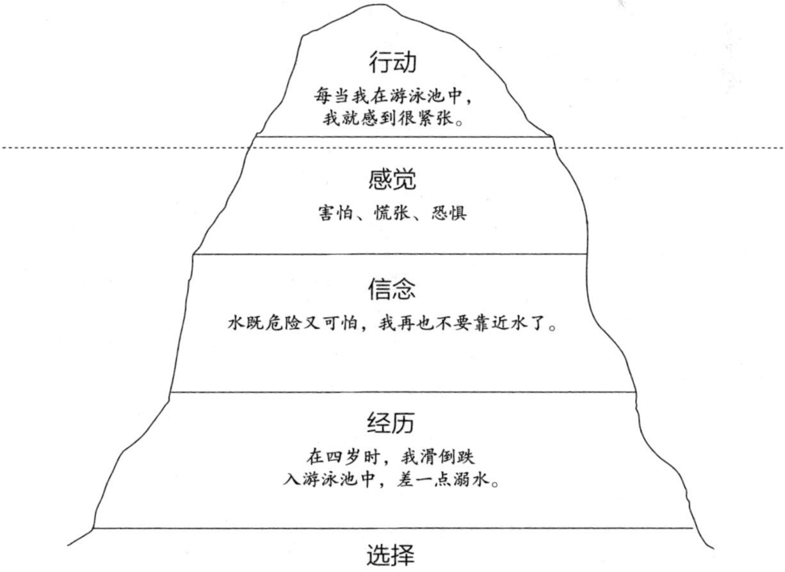
行动
每当我在游泳池中，
我就感到很紧张。
感觉
害怕、慌张、恐惧
信念
水既危险又可怕，我再也不要靠近水了。
经历
在四岁时，我滑倒跌
入游泳池中，差一点溺水。
选择

候，潜意识就得出一个类似的结论：“水既危险又可怕，我再也不要靠近水了。”

同样，当伴侣的行为表现开始很像你父母的其中一方，而这种方式让你感到受挫，好像又回到孩提时代时，你潜意识中的情绪就可能被触发，而这也是为什么夫妻常常会因为一些鸡毛蒜皮的小事而引发夸张的谩骂。

苏珊： 在杰夫和我尚未分居的前两年，我总是用洗碗槽内是否有没洗的碗和盘子来衡量他是否爱我。我不是那种逆来顺受的人，难道我们之间就没有互相体谅、互相照应？通常我会勉强自己去收拾那些碗和盘子。一旦轮到杰夫去收拾那些碗和盘子，他又面有难色的时候，我就会开始骂脏话，气得自己直跺脚，然后摔门而去。

冷静下来应用我们的冰山模式来看，我之所以暴怒，底层的感觉是自己不被爱和不被感激。我的信念是：尽管我用尽所有的方法照顾身边的人，他们也不会以同样的方式对待我。当我再深入一层探究我的体验时，我问自己，我第一次有这种感觉是什么时候？这个模式的根源是什么？突然间我清楚地记得身为家中四个兄弟姐妹的老大，我负责照顾他们，并且觉得没有人感激我的付出。至少我觉得他们不够感激我所做的一切，而且不是以我想要的方式给予我回应的。看似微不足道的洗碗这样的家务事，触发了我过往的感觉和信念，尤其是那些关于过去在原生家庭中不被赞赏的体验。当我找出自己行为背后的动能时，我了解到自己的暴怒其实不关杰夫的事，只是我想将这一切归咎于他。其实，这些感受和信念早在我遇见他之前就已经存在我内心深处了。

现在我已成年，我可以做出另一个选择，来打破这个已被我认定的模式：选择享受当年与弟弟妹妹在一起的时光；选择给自己肯定而不是企图从杰夫那儿索取，不再期待他可以通过心电感应知道如何及时给我肯定；甚至不再纠结洗不洗那些碗。值得庆幸的是，在我们的关系中，家务事的问题已经不存在了，这真是人生的一大解脱啊！

像这种情况其实和正在发生的事件本身并无太大的关联，所有我们压抑在潜意识里的感觉，只是透过关系这面镜子被触发和演绎出来。根据经验，虽然当时我们可能觉得，我们的怒气 100% 就是由眼前这个人和这件事造成的，但是要知道我们的怒气只有极小部分和当下所发生的事件有关。

客户的故事

当时我正在讲授冰山模式，并且解释我们的体验和行为都是来自我们过去所做的选择，随后我要求与会者去检视一些自己的事例，去检视一些他们不喜欢的行为，并且去留意这些感觉是否与他们过去的经历有关。

其中有一位高大威猛的参与者名字叫汤姆，显然来参加培训只是他工作的一部分，并非出于自愿。因为看得出来，他并没有好好地去做功课。当我叫到他的名字，并且问他关于研讨会的心得时，他的答复若以礼貌的措辞就可解释为："废话！"我没有再多说什么。

然而，就在休息时间，有一只蜘蛛从茶水车上的碟子里爬了出来，而这个重达230磅的威猛先生被吓个半死。当我们再回到研讨会时，我告诉他，他刚刚展示了一个完美的冰山模式范例。

看到蜘蛛触发了他的恐惧，很明显，他的这个恐惧并不是今天才有的，而是来自他的过去。此时，他愿意说出童年时的经验：当时他被哥哥放在床上的蜘蛛吓到。现在他理解了产生当前行为和事件的机制，这让他对自己有了更多的了解，并且带给他更多的力量去扭转他人生中自我挫败的模式。

恐惧、愤怒或不当的行为并非天生，事实上，孩提时代的我们，往往看起来天不怕地不怕的。但是，后来发生了一些事情，我们做出了一些选择，这些选择进而成为我们的信念。之后，这些信念影响我们的情绪，最后影响我们的行为。不过，如果我们愿意更深入地了解我们过去的经历和当时所做的对我们今天产生了影响的选择，我们就可以扭转这一切。

大多数人难以接受：我们现在之所以发怒，其实与当下所发生的事件几乎无关，或者说，我们并不全然了解自己心灵的每一个部分。从数千位客户和工作坊参与者的经验中得知，我们生气的真正原因根本就不是如我们所想的那样。事件中的角色、布景和故事可能有些改变，但是执行制作人（你和你的潜意识驱使这些事件的发生）仍然是同一个人。

另一种解释潜意识力量的说法是，它的功能就像一艘自动驾驶的船。你可以每天早上醒来将船的航行方向设定成北方，但是，当你睡着了，它就会自动将航向切换成南方。早上你会高喊“今天我要爱自己，并且接受自己”的口号，但是当你睡着了，你的想法就会回到潜意识中的那些内定的信念，例如，“我总是把事情搞砸”或“我不够好”。随后生活变得很不顺利或者在原地打转，而你的表意识就是想不通为什么会有这样的结果。**不管你再怎么努力，你仍然卡在你的矛盾模式里**。你是否留意到，你和伴侣的争执基本上都是关于相同的问题？难道你不觉得每次吵架的感觉都很熟悉？你们的争吵声像不像进入单曲循环模式？

你的表意识不只感到困惑，还执意要找出这到底是怎么一回事（当然你会把矛头对准你的伴侣），甚至你的表意识还会认为全世界都在和你作对，进而感到气愤不已。你也许为人生设定了许多远大的目标，并且全力以赴地朝目标努力，但可能在第一关你就跌倒了。**你也许想要觅得一段良缘，除非你的潜意识也想要，不然结果终究是空欢喜一场。那些想要亲密关系的人就是如此，当我们深入了解就会发现，他们其实非常害怕亲密。**

客户的故事

玛莉在工作坊中一语不发，显然很痛苦。当我们问她发生了什么事情后，她一把鼻涕一把泪地诉说她的伴侣如何在结婚五年之后离她而去。她用了几分钟时间说出她的沮丧和伤痛，当她平复一点时，我们提出一个问题，要求她不假思索地回答脑中浮现的第一个答案。问题是："为什么你想要他离开你？"一开始她露出震惊的表情，不过后来她脸上浮现一抹灿烂的笑容，说她对他已感到厌烦，想要与他保持距离。当潜意识的真相被揭露时，人们总会不经意地笑出来。表面上看起来好像她不想失去他，不过，事实上是她不想要这段关系。下一步的恐惧对她来说过于庞大，她想要抽身，所以创造了一个某人如何伤害她的心碎故事。

另一个害怕亲密关系的迹象是选择与已婚、已经有伴侣或各方面条件相差悬殊的人谈恋爱。当你与这种我们称之为"差一步先生"或"差一步小姐"谈恋爱时，一切看起来都很好，但恋情就是无法修成正果。如果你已经很久不碰感情，但是强烈地渴望亲密关系，一开始你很可能会选择这种“差一步”的关系，不过成功的可能性微乎其微：因为在表意识中你渴望拥有亲密关系，底层却害怕拥有一段平等且意义非凡的亲密关系。

重点是，不管你在个人成长、学术研究、人生历练上有多少成就，对生命、宇宙及世间万物的看法有多么引以为自豪的见解，终究我们都不是理性的人。换句话说，从冰山模式来看，那些只不过是我们很小的一部分。我们每个人的潜意识中都充满错综复杂的选择、记忆、想法、信念和感觉，而这一切会影响我们的每一段关系。终其一生我们都脱离不了潜意识的影响，就像撞沉泰坦尼克号的那个冰山一样，它是一股不可忽视的力量，千万别低估了潜意识的影响力。

痛苦的根源在于强烈的自我意识

我们探讨过我们“固有的行为模式”就像学骑自行车一样，已经深深地烙印在我们的潜意识里。它们成为一种自动反应，我们连想都不用想，行为上就会全天候地自动运行。

为什么有些孩子的成长过程快乐且平和，有些孩子则成为躲在套头衫之下持刀的少年罪犯？这一切都是由深植于他们心灵的生活经验，进而成为他们固有的行为模式所造成的。那些躲在套头衫下、行为暴力的青少年，其实对他们的生存感有一种很深层的恐惧。他们不相信任何人，他们动不动就攻击的行为，是他们的一种防卫机制，最终目的是要保护自己的安全。这些就是潜意识里看似奇怪，又不得不令人折服的逻辑。

还好，大多数的孩子不会变成这样。**不过，我们全都有固定的行为模式，好让我们在家庭中得以生存。这是我们为了保有爱的本能的孩子气的做法，也是我们当时尚未成熟的潜意识可以想到的最好的方法。**

当我们还是天真的孩子时，我们不能理解为什么父母可能突然间不爱我们了，或者会失控地对我们大声咆哮。当小孩面对这种可怕的事件时，由于过往没有依据可以对照和分辨，所以身为孩子的我们在潜意识中就会下一个结论——一定是我们的错，所以父母才会生气或无助，除此之外，我们找不出什么其他的理由了。

客户的故事

茱恩来参加伦敦的一个工作坊，并且成为焦点人物。她提到自己试图做对人生中的每一件事情，包括她的亲密关系，但是她的伴侣的行为与她的期望出现了严重偏差，不管她怎么尝试，她总是感觉不到被爱。在一次直觉的回忆中，茱恩想起小时候深夜被她父母的争执声吵醒，当她听到他们争吵时，她感到很难过。虽然听不到他们在吵些什么，但是她记得，当她不和弟弟分享玩具时，她的母亲往往会告诉她不要“调皮”，不要“惹她生气”。

于是，她从内心深处认为因为自己是一个顽皮的女孩，她必须为父母的争执负责任。在批判自己后，茱恩感到不舒服，于是她离开她的中心或者放弃自己，她开始扮演一个“好女孩”的角色。这个角色帮助她隐藏那些失败和不够好的感觉。而当她因为做一个“好女孩”受到赞赏时，这更强化她的角色，因为她得到了她想要的认同，而且她相信自己正在帮助调解父母的争吵。

茱恩年幼的想法是：如果我做一个好孩子，我就可以得到爱。一旦她认定这样，她就会牺牲自己，以减轻她觉得因为自己造成父母争吵的那份罪恶感。她深深地相信，如果她没有出生，她的父母就不会吵架。这当然不是真的，但是，就一个小孩而言，她内心最渴望的就是父母可以幸福快乐。

后来茱恩将这个模式带进她的婚姻，她认为先生不快乐都是她的错，之后更因为先生不当的行为与他争吵。她认识到，当她试图隐藏“顽皮”而表现出“良善”的那一面时，她的先生没有出路，只好表现与她完全相反的“坏蛋”的那一面。

茱恩选择宽恕自己和争吵的双亲，让自己从这个模式中解脱。她明白没有人责怪她，她无须感到难受，更重要的是，她明白，我们都是时好时坏，人本来就是这样。

指点迷津

你可以找出多少从童年时期的各种体验中发展而来的行为模式？这些模式无关乎好坏，也无关乎你的父母是否合格，就当时他们所面临的情势而言，他们已经做到了最好。

当你还是小孩时，你的行为只是试图用来确保你可以得到爱，并且让你可以安然地度过当时的困境。所以，目前唯一的问题是：你是否发现自己仍然困在这些模式中，假如这些已造成如今亲密关系上的障碍，你是否愿意改变这些模式？

- 思索一个你想要改变的行为，并且为自己画一个空白的冰山模式。
- 最上层写下你要改变的行为，然后凭直觉往下写，第一个是与之相关的感受和情绪，之后是信念，最后是最初的经历。
- 答案没有所谓的对或错，你只要放轻松诚实作答，就算你觉得不合理，请信任第一个浮现在你脑海中的答案。
- 最后做一个新的选择。并不是说当作最初的经历没有发生过，而是现在你是否可以选择一个不同的反应，从一个成年人的角度去看当时的事件以及所涉及的其他人？

现在让我们来看看我们的观点和看法是如何改变的。想象你站在山丘的高处，从这个角度回望你的过去。有些事情从这个角度可以看得一清二楚，但是还有许多部分是隐藏在我们过去的山谷与森林里的。假设从现在这一刻延伸，变成一座高山，我们可以再一次回望过去，以不同且更高的角度去观察我们的过去，我们就会对过去有更深的见解，厘清事情环环相扣的来龙去脉。我们可以看见生命更广阔的面貌，并且一探过去的山谷与森林。

所以，当我们在此刻日渐成熟的同时，我们改变了对过去的看法，同时，我们也改变了对自己与未来的看法。

所有的结果都与你的童年有关

有一个众所周知的儿童心理学理论认为，当父母关系陷入困境时，孩子们开始会有不同的行为表现。例如，如果父母很不堪地离婚了，那么其中一种情况是孩子很可能会以某种方式牺牲自己，也许是生病或发生意外；另一种情况是孩子可能会突然惹是生非，或者他的在校成绩一落千丈。这一切都是孩子的本能的选择反应，试图帮助父母分散注意力，希望借此使他们将注意力放在家庭中更迫切的问题上。孩子们上演一幕幕的戏，希望能阻止父母争斗，让家庭至少可以有一段时间重聚在一起。

我们不难发现，在破碎或不和谐的家庭中长大的孩子，在生活上也是跌跌撞撞。他们会认为父母的痛苦都是他们的错，并且会采取相应的行为。当然，我们比较容易从别人的家庭中看出这股动能，但是，假设父母之间的关系十分恶劣，那么孩子的反应就会变得很极端，退缩、尿床、大哭以求父母的注意，或者表现得像个超级乖宝宝。**许多“超级乖宝宝”长大后都会说他们有一个完美的童年，这意味着他们仍然活在逃避之中。**

指点迷津

如果你的父母不快乐，在某个层面你很可能会认为这是你的错，而且，你会用某种方式来调整你的行为以处理这份内疚。

诚如杰夫所言：“我是原生家庭中的坏孩子，苏珊则是好孩子。我们双方都将父母不快乐的那份罪恶感带进我们的关系。我们都是如此，不过，我们可以从不同的角度来理解我们的父母，并且鼓起勇气放下所有过往，做回那个有时好有时坏，但总是真实的自己。”

除非我们已经解决好过去发生的问题，完成了自我疗愈，不然我们会将它们带入我们以后的各种关系中。如今，我们就像一艘艘满帆的船，船底却拖曳着一座未被发觉的冰山。我们不知道自己为什么生气或惹恼他人，还试图在波涛汹涌的感情之海有所前进。

所有的结果，都是你自己吸引来的

由于孩子对父母很依赖，所以如果失去父母，孩子就会感到极度失落，他们几乎会无所不用其极地“拯救”他们的家庭，让家庭回归到某种程度的和谐。他们会用尽方法让自己可以感受到被爱，这就是我们一直谈论的“心灵碎片”的起源。在童年的混乱时期，孩子将那些看起来不被父母或社会所接受的自我部分分开，将它们驱逐到遥远的潜意识的角落。对自己说：“我不可以再像这样子了，因为这样的人是坏人。我如果这样的话，会让我的父母做出一些可怕的事情。”

这是我们最初的心碎。我们的内心充满震惊与痛苦，我们意识到父母并不能满足我们最深的需求。因此，我们与父母之间的联结产生裂缝，同时也与自己的关系产生裂缝，进而否定与迷失自我，心里生出那些怨天尤人、内疚、毫无价值、不可爱和不够好的深层感觉。

杰夫： 我的童年就像住进心碎的旅店，每当我受挫时，有一部分的我并没有很好地应对这个挫折并从中复原。我在非洲的一个农场长大，青少年时期的我，外表看起来很强悍，内心却是一团糟。当时我算一个糟糕的学生，孤僻且不善结交朋友，对权威有强烈的不满，动不动就争吵、动粗。最糟糕的是我不善于沟通，我对女生除了哼一声，难以进一步与她们沟通。之后，我学会了为人要有礼貌，行为举止要得体，以及其他形式的文明规范和礼节，就很少呈现童年时的真实本性了。

不用说也知道，当涉及人际关系时，对我而言，基本上就是灾难连连。所以，船员的职业最适合我，每当事情变得棘手时，我总是可以抽身出海。一开始我与苏珊结婚时，我们的婚姻有名无实。我是一个非常差劲的丈夫，经常不在家。我就像一个不羁的男人，外表好看、彬彬有礼、独立、热爱冒险，以及表面上看起来勇敢无惧，底层却是失调、不成熟、懦弱与自我陶醉的。

哪一面才是真的呢？事实上两者都不是。真实的我被埋藏在这两个矛盾的性格之下，我发掘了很久才找到那些我曾经遗失的部分。不过，好在每一次当我挖掘时，我都会找到纯洁无瑕的真实的自我。

发现另一个你

我们可以否认或压抑我们的需求，不过它们永远不会消失。相反，它们会在我们内心深处成为次人格，以弥补我们的不足。

指点迷津

仔细聆听你内心里一些微小的声音，那些在你生命中不断重复的评论，你可能会意识到一些常见的次人格。例如，内在的批评者，不管生命中你成就多少大事，它总能找到最严厉的措辞来批评你。另外，我们还会陷入补偿的角色以隐藏我们自认为的失败，包括英雄（也许你会惊讶，驱动世上无数超级富翁获得巨大成就的，竟然是来自他们内心深处的失败感）、坏人（替罪羔羊）、烈士（牺牲型的人）、隐形的小孩（孤儿）和开心果（用他们自以为迷人的方式掩饰着自己不足的感觉）。

我们可能会压抑对爱、安全感和真正联结等这些最原始的需求，不过，它们仍然存在于各种角色里，它们存在的目的是希望借此来满足我们最原始的需求。不管你以为自己有多么独立或成熟，这些需求仍然从潜意识的层面推动着你。

所以，甚至在我们还未瞥见我们的真爱之前，我们就已经累积了一座大冰山（这些潜意识里的需求、欲望和错综复杂的情绪）。根据冰山模式理论，这个潜意识世界大约占据我们 90% 的心灵，而且通常我们都没有觉察它的存在。其中有许多被我们压抑下来，一些则会在我们对他人的反应中自动表现出来。看看街上那些可怕的公路暴怒事件。造成当事人满口脏话、反应过度的真正原因，并非表面上正在发生的事件，而是被那个突如其来的超车所触发的来自心灵底层的无力感和愤怒。

很多人怀疑自己就像坐在某种形式的火山上，却不觉得自己知道该如何处理这类问题，所以我们的本能就是继续隐藏它们，然后随着时间的安排，开始一段亲密关系！

杰夫： 当我年轻气盛时，我的怒气会演变成暴力。随着年纪增长，更加通晓人情世故，我会压制心中的怒火。现在我可以感觉怒火就像一辆急速行驶的摩托车，轰隆轰隆地直接冲向目标，不过我可以意识到这种情况，进而迅速地转换。对这些强烈且通常具有破坏性的情绪做出相对适当的反应，代价就是我所熟悉的痛苦。

大多数人会将这些情绪隐藏在内心深处，然而在某些时刻我们必须要面对和处理它们。如果我们置之不理，它们就会影响我们的身心健康。**这些情绪可以被化解与转化，可以从破坏力转变成创造力。**不过，首先你要勇敢地去体验它们，并且提升自己，让自己更成熟，更具智慧，更有力量。

指点迷津

回想上一次你生气或暴怒的时刻，你是压制心中怒火还是像火山一样爆发？

当时有谁和你在一起？留意每当你发怒时，是否总是有人在你身边？

不管你想起哪个事件，事后你感觉你和对方或其他人的距离有多远？你能否意识到“这就是我，我在生气”？因为，当你否认时，你就是在压抑。你压抑或否认这个真实的你，这反而让你步入险境。

最后，想象一下，你可以感受这股怒气，无须将它加诸周遭人的身上，无须责怪任何人，即使是他们触发了你内心的愤怒。对于我们的愤怒，市面上有各式各样的疗法，如走路、打枕头、到户外大喊发泄不满、从一数到十、深呼吸等等。这些方法可能会在短时间内让你冷静下来，但是过不了多久这些情绪就会再一次（不知道被何人或何事）引发出来，或者你也可以全然体验这些情绪，直到它被转化、被疗愈。

杰夫： 经过这么多年的训练，我已经可以坐在椅子上体验我的怒气，甚至是暴怒也不需要再用行为将它们发泄出来。这对我而言是一个很大的进步，当然也会让我身边的人生活得更轻松自在。我承认，之前我经常用生气来发泄我的压力，这真是一个很差劲的策略。我意识到当我生气时，会迁怒整个宇宙。生命中所有的人都成了我的出气筒。

最后，我意识到，我之所以生气是因为我认为某人，通常是苏珊，剥夺了我的某些东西。不过，当我留意其中的动能时，我很快就察觉到是我剥夺了自己。而我所认为被剥夺的东西，事实上正是我害怕拥有的，比如性。虽然过去我们的确因为性的议题争论过，但是我们争论最严重的成为关系死穴的问题似乎是关于金钱的问题。这个问题目前我们已经化解了大部分，基本上我将家里的理财问题全权交由苏珊处理。很常见的是，即使在一段美满的婚姻或伴侣关系中，也仍然会有某个领域会触碰到我们尚未化解的问题。怒气、性或者金钱是主要的触发因素。

如果我们认为自己是危险的，我们的怒气随时会爆发，那我们就会推开身边的人，并且与最爱的人保持距离。那种感觉就好像我们从内心深处觉得自己是一颗不定时炸弹，由于我们不想伤害任何人，于是我们选择隐藏与退缩。但是，这样反而会让我们在与家人和朋友的关系上付出巨大的代价。

伴侣是你的镜子，你越靠近，越能清晰地看到自己

佛家有句谚语：虽然我们能看到其他人，但我们看不到自己。而“关系的魔镜”就是迫使这些潜意识的需求、动能和复杂的情绪浮出水面。

说实在的，我们对自己的潜意识驱动力浑然不知。我们随着他人的行为“起舞”，责怪他人害我们有这种感觉。**然而，在有承诺的亲密关系中，我们无可避免地会原形毕露。所有潜意识的动能和冰封已久的痛楚都会再次浮现出来，目的是让我们有机会疗愈。这是你绝对逃不掉的。**

许多婚姻和其他关系的失败，都是因为忽略了这个原则：伴侣是我们的一面镜子。除非我们愿意探讨这个动能，不然我们会与我们最亲近且最亲密的伴侣保持距离。唯有理解这一点，我们才能踏上美满的幸福道路（就算一次只维持几分钟也好）。

杰夫： 在我和苏珊的关系中，还有一个主要的问题是她不够勇敢。事实上，她活在恐惧中。我曾是一位彪悍的水手，我认为我的词典里根本就没有“恐惧”这个词。当她过于谨慎时，我就会抓狂，并且为此指责她。不过，当我诚实地面对内心时，我意识到自己内在压抑的恐惧，特别是关于自己的情绪和亲密关系的部分。一开始我很震惊，之后我开始变得谦逊。一旦我去拥抱我个人的恐惧，并且回到苏珊的身边后，这个问题就不再是我们的困扰了。

指点迷津

当我们辅导即将分手的伴侣时，这个练习通常是我们的第一个检视点。

首先，问你自己这个问题：“我的伴侣令我最生气的事情是什么？”然后问自己第二个问题：“你是否意识到你以前也有相同的行为？”通常我们的答案是“绝对没有”！

任何对伴侣行为的强烈情绪都是一个明显的征兆，这里也有你关于自己所隐藏与压抑的问题。不然你不会因为他的行为生气或动不动就发怒。

接下来就在于你的坦诚与选择了。你仍然可以坚持己见，认为你的伴侣就是这样，并且继续争执，或者你也可以承认过去自己一直在刻意隐藏这些东西。

鼓起勇气跨出第一步，修复你们的关系。宽恕伴侣的所作所为，同时也在宽恕自己过去的所作所为，然后，用爱和坦诚的沟通与伴侣联结。

当你愿意视伴侣为你的一面镜子，为你探究自己的那些阴暗面和情绪的入口，并且开始相信自己在某方面与讨厌伴侣的那一面也一模一样时，你们的关系就可以从地狱转到天堂。刹那间，你就可以瞥见穿越地雷禁区的那条路径。

尽现你与生俱来的光芒

你的生命中若少了那些老掉牙的争吵，以及那些伴侣让你抓狂的行为，试问一下你究竟是谁呢？你是你以为的某个身份、一个丈夫或妻子的角色、一个潜藏的综合了许多需求和压抑情绪的潜意识复合体？又或者本质上，你远远超越这些？在每一个面具的背后，你与外在世界交流所呈现的角色之下，你究竟是谁？例如，当你还是一个婴儿时，你究竟是谁?

每个人都喜欢凝视婴儿的双眼。就算那些冥顽不灵、不太愿意谈论“灵性”或“能量”的怀疑论者，也很难不被婴儿的双眼感化。婴儿的双眼里有一种纯真和奇迹般的感觉，这种感觉使我们对人的本质有了深刻的理解。当我们身处一群全然享受当下的孩童之中，感受他们对生命的快乐与热情时，就算当时我们已厌倦或批判自己的生活，批判我们的伴侣有多么糟糕，我们的精神仍然会为之一振。我们称这种境界为童心，这个境界超越你的评断，是你与生俱来的最初的光芒。

随着孩子长大，自我结构会开始在与生俱来的光芒外围逐渐成形。一个与母亲有紧密联结的婴儿，最初并不知道他是一个独立的个体，他仍然与母亲有“脐带”般的联结。一旦他渐渐地明白自己是一个独立的个体，他便会开始尝试运用个人的权力，几乎无论是什么事情，他都会说“不要”。那些带过令人头痛的两岁孩子的父母，对此绝对会表示赞同。同时，孩子的小小自我结构（小我）开始成形。**最理想的发展是拥有界限分明、健全的自我认同，以及高度自爱，好让他在未来的生活中可以享受健康有爱的人际关系**。

但是，假设孩子的成长过程不尽理想，那么孩子的自我结构就会开始变得有点——该怎么形容好呢?——摇摆不定。孩子为了生存和保有爱及所有孩子们都渴望得到的关注，自我结构一定要做一些调整。

想象儿童的心理结构如同一栋建筑。首先你需要稳固坚实的基础，好让未来可以在其上建立一栋经得起时间考验的结构。假设孩子从小就被忽略，他可能会做出选择，而且他的潜意识也许早已制定了某些信念，例如，“当我哭时，我父母不理睬我，所以我的需求并不重要”，或者“显然我并不重要，我最好还是不要再麻烦别人了”。像这样的信念不是健全自我的良好基础，而摇摆不定的基础意味着其他的自我结构也不会太稳定。

如果你的潜意识决定你再也不要麻烦别人，寻求他人的协助，那么，你很可能会成为一个独来独往的人，并且沉浸于自己的世界久久不能自拔。一个孩子可能会因此发展出非凡的想象力，不过这也是一个极为孤独的处境，很难与他人产生沟通，并且感受他人的心情。

假设基础不稳固，那么当我们的自我结构随着童年建立起来时，我们就不得不将一些奇奇怪怪和精心推敲出来的构造植入我们的建筑内部，以弥补早期基本结构的弱点。通过巧妙地自己动手，除了为我们独一无二的扭曲的心灵裂缝打上补丁，你甚至还可能会加入一些绳索及滑轮的复杂系统，将这些全部串联起来。然而，这些会耗尽你情绪的能量，造成你往后的人生退缩不前。**所有被淡忘的痛苦都会纠缠拉扯地存在于这个改造过的自我的结构中。**

客户的故事

童年时，艾琳长期被打压与欺负，因此她形成一种傲慢的态度，以掩饰她没有自我价值的感觉。她的自我结构特别不稳固，所以日后很容易崩溃。事实上，她有神经衰弱的问题，因为在人前一直装模作样实在很累。后来艾琳在协助下再次体验那些最初被伤害的没有自我价值的感受，目的是再次感觉并且完整地经历这些感受。事后，她重建她的整个内部自我结构，好让她的自我结构更稳健且更接近真我。

你看见的世界，完全反映出你的内心世界

我们的伪装、角色和自我防御将我们原有的光芒覆盖和隐藏起来，让我们看不到世界的实相。世界再也不像当初我们刚出生时所看到的那样美丽和神奇。然而，所有的奇迹并未消失，我们仍然保有它们。我们无须学习任何新事物或做任何改变来重新“发现”它们，我们只需要意识到，是扭曲的自我结构将它们掩盖了。

这个光芒随后会开始塑造一些奇怪的心魔，所有改造过的自我结构，所有我们用来补偿最初自认为失败的角色。我们会将这些心魔投射到旁人身上。我们是透过心魔来看这个世界的。

从这个观点来看，我们可以得知，**我们独特的自我结构之所以建立，是要协助我们安然走过成长中的坎坷。长大成人后，这个结构已非常稳固，根深蒂固地烙印在我们的心灵，成为我们固有的行为模式**。对我们而言，这一切再真实不过了。它影响我们生活所有的方面，它不只决定我们如何“经营”关系，而且决定我们一切的所作所为。

没错，它感觉就像你现在所坐的椅子一样真实，但是，这个自我真的是真正的你吗？

爱让你敞开心扉

真爱——我们谈论的是更伟大、扩及宇宙的爱——如果我们勇于臣服它，在最终扭曲的自我结构中，所有的伤痛都会消失。爱触动我们内心深处，到达那些我们甚至从未觉察的部分，带给我们前所未有的感动，并且释放每一个人。所有的心灵碎片（没错，我们指的是——所有给我们带来伤痛的事情，所有未被察觉的痛苦之事，所有未被满足需求的事情），都将在这道闪耀的光芒中显现出来，无所遁形。**真爱的光芒照亮所有不真实的自我，为的是让自我被看见、被转化和被疗愈。**

当我们的自我结构开始崩溃，当爱触及冰封已久的痛苦并且将它们融化时，我们的感觉就好像心快碎了。你的心灵不只是在被所爱的人抛弃时才会碎，而是在长期的亲密关系中，一次又一次地被撕裂的。**真爱的目的不是要让你在短时间内开心，而是要通过撕裂你的心，让你的心变得更宽广，好让你那些不真实的自我结构得以融化，这样你才能再次回到那神奇美妙的源头。**

在我们的经验中，有一种“大爱”远远超越浪漫的爱情。有些人称之为合一，有些人称之为神性，其他宗教则有不同的专有名词。我们有各种不同的名称来称呼它，有各种不同的方法来感觉它——眼前美丽的夕阳、怀抱里的婴儿、阅读一本具有启示性的书，或者有人完全信任我们。不管是人或事物，都会不声不响地穿透我们的防卫，透过爱、赞赏、感激、慈悲深深地打动我们。在那一刻，我们的觉知全然敞开，引领我们尽可能地远离相反的方向——我们的愤怒。

在我们的研讨会中，我们见证过无数有勇气的行为与人性。当爱与慈悲像浪潮一样打动人心时，恩典就在那一刻永远地改变了我们。不管生活发生什么事情，那份真实的体验永远在我们心中。那份爱每一天都以数不清的方式呈现在我们身旁，我们唯一要做的就是鼓起勇气去敞开和接受。全然地拥抱生命，拥抱大自然，假设我们真的做到这样，爱会让我们忘却一切。

我们相信坠入爱河是人类可以造访这种极乐境界的一种方法。**然而，为了保持与这份大爱连接，我们必须穿越内心所有阻碍我们的信念，而最佳的训练道场就是我们的亲密关系。**就像人们所说，真爱之路绝无坦途。如果这可以让我们重新回到最初的境界，那么每一次失足、过失、撞墙、错误、曲折，都是值得的。

杰夫： 当我回想我的过去，仔细思索那些继续相信我的人，我感到十分感激。接受他人的爱让我的心持续地敞开。

在结婚二十年后，我仍然记得那一刻，当我看着躺在床上的苏珊时，我被她那炫目的美丽深深地吸引，我对她的感受已经远远地超越她的身体，那种感觉仿佛我第一次见到她一样。我从小孩子那里体验过这种伟大的爱，那种感觉我只能用如遇天使来形容。就算那些爱的时刻非常罕见，那些时刻也足以将我彻底洗涤，想必那些时刻的爱一定是来自源头的爱。

这一切全都是因为我愿意敞开自己，而且每一次的体验都让我可以更容易地坚持下去。

从责怪到负责任

归根结底，我们都是天真无邪的。是的，这其中也包括我们的父母、其他监护人和在我们成长过程中，协助我们心理发展或伤害过我们的其他成年人。

指点迷津

你对这一点或许难以理解，尤其，如果你成长的原生家庭对你非常苛刻或冷淡，你可能会无法原谅或无法以同理心去看待那些曾经伤害过你的人。这一点我们是可以理解的，不过，如果你继续抗拒，那你只会将这份伤害带到你的亲密关系里，延续着这份痛苦。

所以，从现在开始试着去宽恕，不是很值得吗？你是否有看到宽恕可以让你全然地自由？

我们可以从接受我们的父母开始，相信他们以当时的心智成熟度，他们已尽力做到他们能做到的最好了。如果我们刚为人父母，我们也是如此。不过，除非我们能够将心比心，感受他们内在的混乱，并且从他们的角度了解他们的世界，不然我们有什么资格，评断他们对我们所做的事情是恶劣的、错误的，甚至是滔天大罪呢？这是一个常见的心灵陷阱，心中总是在想着：如果我们的童年好过一些，我们的生活就不会这么苦了，或者在亲密关系上就不会遇到这种麻烦了。

宽恕当然不是纵容错误或采取高姿态、高道德感，也不是宽宏大量地让涉案人脱罪。没错，生命中某个重要的人物，也许在很久以前曾经犯下错误伤害过我们。但是，如果我们耿耿于怀无法原谅，那么我们仍然会卡在这个问题中。同时，我们也很难原谅自己犯下相同的错误，然而这是无可避免的。**宽恕是关于承认和感受我们的痛苦，好让它得以转化，让自己再次向前。当我们选择宽恕，放下那些觉得自己很可怜的感觉，并且我们不再将自己的问题归咎于他人时，我们就会为自己的生命，创造一个向前迈进的机会。**当我们向前迈进时，成功自然就会以各种形式出现：工作、财务、爱情、友情。成功最大的意义是充满幸福快乐的人生的结果，而不是我们追求幸福快乐的人生的原因。

事实上，我们可以尽情地责怪那些曾经对我们施以恶行的人，不过，我们对他们和其他人的感觉与行为，终究是我们个人的责任。除了他们对我们说抱歉（当然，能听到是求之不得的），说实话，他们对我们内在程序和扭曲的自我结构的影响力小之又小。我们只能靠自己去扭转，而这正是我们人生最大的挑战之一。

我们往往都要等到情况非常糟糕时，才愿意以不同的角度看事情，并且以负责任的态度来面对我们的行为。我们婚姻的转折点始于我们停止责怪对方，我们以更宽广的角度看事情，而不再认为对方是我们人生最大的错误。我们之所以在一起是有原因的，而我们那些难受的感觉早在遇到对方之前就已经存在了。因此我们可以从中学习该课题，而不是彼此责怪对方。

我们要为我们的人生、我们的问题和我们困窘的亲密关系负起全部的责任。正面积极的行为和祷告也许有助于改善一些症状，但这些无法切入要点去解决真正的肇因。同样，花大把时间分析你的悲惨童年会让你陷入自怜的困境。在这里，我们提供一个不同的方法，可以化解那些浮现于亲密关系中，深植于潜意识内的感觉和问题。当我们明白通过这些问题，我们可以成长、扩张，而不是因此自我设限时，如果我们有勇气面对并迎接这些问题的挑战，这些问题就可以成为推动我们的生命向前的力量。

第二章

亲密关系的四个阶段，一起走过才更幸福

所有亲密关系的发展必经蜜月期、权力斗争期、死亡区期、伙伴关系期四个阶段。

所有的亲密关系都是经过阶段性的演化进入伙伴关系期的。当彼此都觉得双方始终站在同一阵线时，你们就已经步入伙伴关系期了。你们互相接受对方原本的样子，彼此亲密、平等、平衡、平和，而且齐心协力，不管生命中遇到任何挑战，你们都会乐观以对。

当我们出现某种情绪反应时，我们是依然故我，还是转变？从彼此承诺开始，亲密关系开启的是一段旅程而不是终点。如果我们不从关系中去学习和成长，那么我们的关系将不会有好的发展。

准备好了没？让我们深吸一口气，然后全心投入一探究竟。

第一节

蜜月期

蜜月期的本质就是它不会持续太久。

坠入爱河无疑是走到了世间一处至高无上的“圣地”。多产的灵性作家迪帕克·乔普拉博士甚至认为：“恋爱是多数人在其一生中，所经历的最强大的灵性体验。”为什么呢？因为这会开启双方内在最美好的一面，呈现那份最“闪耀的光芒”。

即使很短暂，身在爱中也会让你欣喜若狂，仿佛进入纯真的孩童世界，一切都是那么新鲜且充满无限神奇的魔力。鸟儿在欢唱，天空是如此湛蓝。就算阴雨连绵的天气也不会影响你的好心情，也许你会蹦蹦跳跳地踩着水坑，全身淋得像落汤鸡仍然乐在其中。也许你会出神地望着车窗，看着小雨滴在玻璃窗表面慢慢地流下而感到欢喜不已。最平凡、最普通的事物突然间都变得格外美丽，这种感觉前所未有，而我们是多么希望能永远保持这份感觉。

到底是什么原因让人如此沉醉？为什么这个人会让你有这种神魂颠倒的感觉？

在电影《西雅图未眠夜》中，女主角安妮问她的精神分析学家朋友丹尼斯是如何爱上他的妻子的：

安妮："当你第一次见到她时，你就知道她是你的唯一——是某种神秘、宇宙不可知的力量，是命中注定的吗？"

丹尼斯："安妮，当我们被某人吸引时，过程只不过是我们俩的潜意识互相吸引。因此，所谓的命中注定，其实只不过是两个疯子自以为他们俩是天造地设的一对。"

毕竟，我们有 90% 的所作所为取决于潜意识，不管我们是否意识到它的存在，它才是真正驱动我们行为的力量。的确，你的新欢也许看起来真的是那么一回事，一切正合你意。不过，其实吸引你的是潜意识，你们就像音叉一样，共振出相同的频率。你个人压抑的痛苦和需求正在与对方的感觉"合唱"，你们配对成功、情投意合、产生共鸣，在某些时候，你们甚至可能开始共谱"动人的乐章"。

另一种形容这种神秘吸引力的说法是两个人产生"化学变化"。权威"恋爱科学家"、人类学家海伦·费雪博士表示，恋爱中大脑会分泌类似可卡因效果的物质让人瞬间产生强烈的快感，由于受到这种化学物质的加持，只要你见到这个人，你就情不自禁地陶醉。但是，为什么你一见到这个特定的人就燃起爱火，为什么他望你一眼就赢得了你的芳心，关于这一点仍有待探讨。除非我们完全了解潜意识的力量，我们才能明白这种化学物质的变化只是爱情全貌中的一小部分。

终于有人满足我们所有的需求了

当你坠入爱河时，你以为你的王子或公主已进入你的生命，然而实际上是你潜意识的“驱动按钮”启动了，只是你还不知道。**事实上，这片“失落的一角”带给你的感觉有多美好，就意味着当初你失去它时，你有多么的痛苦。**为了回到当初的完整、最初的纯真，你一定要再次体验并且穿越当初造成你如此“伤心欲绝”的所有痛苦。

蜜月期是一个很短暂的阶段，很少会超过一年，甚至还要短暂许多（例如五分钟）。在这个阶段，你们如胶似漆的情感所创造的联结，也许可以支持你们共度未来艰难的时期。

当你被爱情冲昏头脑，满心欢喜地沉醉其中时，你当然希望这份爱可以天长地久。这种感觉就好像真爱，但是（我们很抱歉在这里就让你失望），接下来的事实并非如此。如果是真爱，那会爱到永远是吧？那你就会永远幸福快乐，不是吗？然而，只有非常少数的亲密关系能够如此，蜜月期的本质就是它不会持续太久。

事实上，我们认为的爱就是——我们对于关注、爱、呵护和理解等所有情绪需求，随时随地立即就可以得到满足的那种感觉。这是我们从小热切的渴望，当我们坠入爱河时，那种感觉就好像我们所有早期未被满足的需求，终于得到了照顾。你可能会收到鲜花、爱的卡片和其他浪漫的惊喜。你们变得无忧无虑，一起做傻事，充满自发性，一天到晚只想玩，就像孩子一样。这种感觉有如天上人间——在许多方面的确如此。

如果我们最初的需求在原生家庭中得到了足够多的照顾，那么我们在成长过程中，就会一直对任何人和事物都保有赤子之心，而这就是我们最初的那份“天真无邪”的状态。

所有的外在，都是自己内心的投射

当我们坠入爱河时，我们会对另一半进行正面的投射（而不是稍后会出现的负面投射），我们将自身美好的一面——我们个人“闪耀的光芒”投射到对方身上，由于我们欣赏自己的这一面，所以在他们身上看到这些特质之后，我们就会因此相信我们是爱他们的。

通常，当我们兴高采烈地描述我们的新欢时，我们的朋友往往会对我们加诸新欢身上的“美丽光环”感到质疑。有句谚语说，爱情是盲目的。这也是为什么我们没有真正地看到我们的新伴侣，我们只是看到了自己的正面投射。同时，我们的朋友也可能是盲目的，因为他们看到的是他们自己的负面投射。

许多人可能都有这样的经验，当一位朋友坠入爱河时，他们会以最正面的方式来描述他们的新欢。他们甚至很可能会介绍新欢给我们认识，于是我们可能出于客气地回复他们，就好像我们即将见到王子或公主。然而，当我们见到他们时，我们很难保持镇定，因为他们似乎和朋友所描述的样子相差甚远。

很重要的是，关于他们的新欢你不要试图实话实说。如果你真的直说的话，很可能你会被误以为想要摧毁他们这段美丽的际遇。他们认为新欢所有的一切都是美好的，并且对此深信不疑。反过来，你是通过你个人的投射来看他们的伴侣的。我们都是透过个人头脑的滤镜来看身边人的，所以真相是什么呢？这个答案取决于问与看的人。

杰夫： 我最大的考验是经历我女儿第一次正式的亲密关系。当我看到她的男朋友时，所有我可以想象得到的负面想法全都浮现了出来，然而她视他为生命中的至爱。因此，一方面我想要支持与理解我女儿，另一方面又想要将她的男友丢出门外，并且严重警告他别再回来。

我意识到我面临一个选择点。我可以策划一场让她男友消失的戏，然而这无可避免地会造成我与女儿之间的纷争；或者我可以开始处理我个人的投射。我很快地意识到我对他及其行为的看法，基本上是来自我年轻时如何对待过去的女朋友的。虽然这并不容易，但最后我对他很客气并且接受了他。后来我女儿过了蜜月期，她开始看到他负面的一面。

所有关系的开始，都源自不当的理由

有别于大众的认知，蜜月期的恋爱并不是基于爱，正如我们所说，它是基于某个人（拯救我们的王子或公主）可以满足我们所有需求的信念。当我们陷入热恋，我们的感觉就像被包裹在柔软、温暖、毛茸茸的毯子中，完全受到照顾和保护，这是我们一直以来渴望从父母身上得到的那种呵护。我们的正面投射将我们的心灵伴侣从一个原本普通、容易犯错的平凡人，摇身一变变成了一个爱情超人。这个爱情超人可以拯救我们脱离痛苦和绝望的深渊。抱歉！这真的是一个超大的期望，将你所认为的“爱”加诸一个人的身上。在这个阶段，我们怎么可能真的了解他们是谁呢?

这就是蜜月期不长久的原因，它只是一个错觉或幻象。幻象一定会瓦解，而且会硬生生地在我们眼前发生，只是时间早晚而已。

有些在一起很久的伴侣，亲密关系对他们而言已变得索然无味，他们早已忘记曾经有过的蜜月期。但是，所有的关系都始于蜜月期。一开始，我们喜欢伴侣有别于我们的地方，我们热爱那些天马行空地畅谈生命、宇宙甚至一切的亲密闲聊，他们对政治、文化和宗教的观点也深深地吸引着我们。**不过，蜜月期过后，我们开始对彼此的差异感到不安。迟早，我们会进入权力斗争阶段，并且开始争执谁要负责满足谁的需求**。

不用说，当我们在蜜月期时，我们认为我们有别于他人，我们是独一无二的，我们经得起所有的考验。但是，没有人可以跳过这个阶段，因为所有的亲密关系都始于误解。蜜月期终究会来到终点，这时我们可以认为亲密关系已经结束，或者我们可以借此了解这到底是怎么一回事。通过关系我们渐渐地明白，原来伴侣是我们的一面镜子，反映我们个人需要“做功课”的议题。**基本上，亲密关系是将我们黑暗的自我，引领到光明的自我意识层面。一旦我们开始对自己的内在开工，净化到自己足以看出伴侣真正的本质时，我们和伴侣的这段亲密关系就开始以正当的理由而建立了：因为爱**。

我们的故事：偶遇船长

我们在 1974 年相遇，1979 年结婚，当时苏珊怀了我们的第一个孩子戴维。

苏珊：第一次遇到杰夫时非常浪漫。当时我正处于第一段失败婚姻的疗愈期，在西班牙伊比萨岛整修一艘旧木船，我的一位朋友怂恿我加入船队，参加从科斯岛到科克的快艇竞赛。在回到英国后，我在科斯岛加入船队，而该船队的船长就是英俊、粗犷、以船为家的杰夫。

我与杰夫第一次见面的画面就好像浪漫爱情小说里那些惊心动魄的场景，我们之间立即产生化学反应。那种感觉就好像我们将所有的时间都放在对方身上，对我而言，这真是令人神魂颠倒。那时我的感官全都变得敏感起来，以随时响应迎面而来的挑逗讯息。我曾经结过一次婚，不过这次的感觉就好像再次回到羞涩的少女时期。十个人在十五米长的竞赛快艇上生活了整整两个星期，这意味着我们根本没有机会单独相处，这反而促使我们对那些暧昧诱人的情节更加憧憬。船一靠岸，我们马上就陷入了热恋。

我们的蜜月期维持了三个月，当时我们一起在船上工作，航行到直布罗陀。但是一回到伦敦，我就开始感到退缩了，不知道这个潇洒的水手要如何适应我那紧凑的教育出版工作和生活。我也从事传播业，曾经是竞标伦敦第一家商业广播电台团队的一员，我不太好意思将杰夫介绍给我的朋友们。蜜月期过后，我们之间的差异马上显现出来——我是城市上班族，杰夫则是桀骜不驯特立独行的异类，这种组合似乎难以结合，所以我退缩了好一段时间，我们之间的关系变得困难重重。

杰夫：当我遇到苏珊时，她完全符合我的梦想——美丽、风趣，而且在地中海拥有一艘船。当时我住在朋友停泊于索伦特海峡的快艇上，并且被邀请去协助一队船员行驶这艘船参加海洋竞赛航行到爱尔兰。快艇从科斯岛出发，迎面而来的是九级的刺骨寒风，而我们就在汹涌的波涛和其他十名队友晕船的情景下坠入爱河。我们彼此之间的吸引力大到船上每个人都能感觉得到。不过，由于在船上，我们能做的也不多，直到我们回到陆地。

我们立即陷入热恋，拼命弥补之前所浪费的光阴，之后奔赴伊比萨岛“度蜜月”，一起在苏珊的船上工作长达三个月。与苏珊在一起就像美梦成真，我们在生活和工作上相处十分融洽，并且重视对方每一个细微的需要。我们在西班牙小餐馆共享温馨、美妙的傍晚，夜晚时则回到我们租借的小农舍。一旦船适合航行时，我们就会偕同两个朋友航行至直布罗陀。不过，当苏珊回到伦敦后，这段关系就摇摇欲坠，实际上这意味着我们已告别蜜月期。当苏珊离开后，我很伤心，曾经如旋风般的浪漫随她一起走了。我明白她不得不回去，但我们的道别很简短且有距离，我知道她要回到伦敦过以前的生活。在我下一趟航行启程后，我开始酗酒并且发展其他的恋情，这中间我们都没有碰面，直到几个月后我回到英国。

蜜月期是亲密关系中的甜头但甜得不持久，因为这是基于幻象的，不过它确实有几个好的面向和指标。

首先，它让人坠入爱河。当我们访谈那些对亲密关系已经不满的伴侣时发现，有些伴侣会睁眼说瞎话宣称他们从来都没有过蜜月期。

“我从没爱过他（她）”是最常见的说法，这只是说明亲密关系中的美好的时刻已经被深深地遗忘了。我们都曾有过蜜月期，即使很短暂，因为所有的关系都是这样开始的。

其次，蜜月期是该段关系潜力的指标。一旦我们完成我们阶段的课题，亲密关系中的蜜月期就会陆续地出现。

蜜月期也可以成为一个很大的动力，每当我们与伴侣穿越一个障碍之后，我们就会进入一个短暂的蜜月期。正如我们告诉工作坊的学员一样，你们一旦进入这个短暂的蜜月期，请直奔最近的酒店庆祝一下，千万不要迟疑！因为很可能过不了多久，就会有另一个新的问题出现，而你们又会再次跌入低谷。

指点迷津

回想你们上一次蜜月期，当时你感到充满爱、幸福、快乐、无忧无虑又轻飘飘的感觉，你想要再次回到那样的状态吗?

想象你自己现在的感觉和情绪完全沉浸在蜜月期里，那是多么甜蜜美好的感觉啊！现在问问自己，你想要哪一个？蜜月期，还是你现在的状态？这是你的选择。

第二节

权力斗争期

所有争吵的最底层，其实都只不过是
两个人在彼此控诉："你没有
照顾我的需求，你没有付出。"

美国喜剧《威尔和格蕾丝》中有一幕情节是：威尔的同性恋朋友宣布他交了一个新男友。"哦！我真是太兴奋了！"他激动并雀跃不已地欢呼着，"我已经为我们预订好亲密关系的咨询辅导了。"**事实上，我们的理想情人在反映出我们所有美好、正面的特质后，最终也会开始反映出我们所有的负面特质**。我们不知不觉中在我们原本"闪耀的光芒"的四周筑起扭曲的自我结构、所有的伪装和防卫机制。

从许多方面来看，恋爱就像两个迷失在森林的灵魂开心地欢呼终于找到彼此……只不过到后来他们才发现，原来当时的两个人都迷失了。不过别担心，我们都是过来人。**正如我们之前说过的，没有人是基于正当的理由而结婚的。爱应该无条件地付出给对方，然而事实上，我们全在暗地里“索取”。**基本上，我们只是试图在满足我们童年未被满足的需求，那些需求在我们伴侣尚未出现时早已存在许久了。

当蜜月期过后，伴侣身上的那些我们曾经认为很可爱的习惯和小缺点，开始惹恼我们。当我们心灵的碎片渐渐地浮上水面时，权力斗争就开始了，争吵也接踵而至。这就好像我们的亲密关系将这些心灵碎片勾了出来，好让我们可以正视它们、处理它们，并且再一次往前迈进。

看起来你的伴侣好像变了一个人。“这不是当初我爱上的那个人啊！”你也许会愤慨地对自己说。然而残酷的事实是，一开始我们爱上彼此的地方，也是最吸引我们的地方，最后它们都会变成我们开始讨厌对方的罪证。

—— 我们的故事：“负责任小姐”与“自在先生”的较量 ——

苏珊：我家里有四个兄弟姐妹，我排行老大，经常被要求要照顾弟弟妹妹。我记得在星期天早上，我独自带着他们，花好几个小时逗他们开心，好让我的父母可以睡个懒觉。每当我扛起这些责任的时候，我就会得到许多表扬，这就好像一种得到爱和认可的有效方法。我父亲是一个忠实的贵格会教徒与公务员，是典型的“负责任先生”。为了持续得到他的认可，我绝对不可能做出不负责任的行为。事实上，家里任何成员若做出不负责任的行为就会受到惩罚，主要表现是对其行为表示无声的反对、被宵禁或被扣零用钱。因此，负责任这个议题造成家人之间有许多竞争，也造就了强势的家庭模式，而我成为专制霸道的人。当我在青少年后期时，“负责任女士”已成为我的化身，并且成为日后生命中的一股驱动力。

杰夫：我家里有三个男孩，分别在三年内陆续出生，我排行老二，而我们的小妹妹八年后才出生。我的不负责任的行为已成为家中的传奇，现在我们会笑看这一切，并且试图算出我曾经报废过几辆车、错过多少次纪念日等等。我在非洲一个农场长大，当初家人来到这个殖民地是为了逃避他们原生家庭的动能失调的问题，然而所有的动能依然在这里重现。我大哥长大后是兄弟姐妹中负责任的那个人，所以对我来说，我只有两个选择，不是做一个比他更负责任的人，就是做一个不受约束的人。因此在这个情况下，我成了一个狂放不羁的人，并将身边人的生活闹得鸡犬不宁。虽然有时候我也会顺从，不过底层的模式仍是抽离与不负责任的。

十三岁那一年，母亲、兄弟和妹妹离开我移民去了澳大利亚，我对母亲而言，可有可无。于是，我和留在非洲的父亲完成了我们的农场出售。那一年的大部分的时间里，我要么安然地待在内罗毕的寄宿学校，要么独自待在肯尼亚的西部农场的家里。寄宿学校的管教方法严格苛刻，所以为了生存，我在情感上变得疏离。我不太关心其他人的感受，毕竟我离自己的感受太远了。我相信我已经把自己武装成了一个坚强、无惧、独立的人，而我将这个模式也带进了我和苏珊的亲密关系之中。

大家看得出问题出在哪里了吗？早在多年前已露出端倪，就在我们最初的吸引力上，这个负责任与不负责任的议题就是我们争吵的整个动能，我们各自都将矛头指向对方。当初苏珊被杰夫崇尚自由的冒险精神所吸引，现在却被他的不羁所激怒；而杰夫第一眼就爱上苏珊的稳重和有条理，现在却受不了苏珊的吹毛求疵。

苏珊： 当时的感觉很真实，不过，现在我们明白，我俩不和，实际上也不是因为我们以为的那个理由。我们就好像两条上了链子的狗，在争夺一条破布，用尽所有的力气和情绪的能量在咆哮、拉扯，但是只能在原地打转，没有任何一方得到那条破布。我们拼了老命试图改变对方，以达到我们所认为的他们应该变成的样子。

我们还天真地以为，只要对方改变，我们就会快乐，这真是一个天大的错误！

当我们长大成人，恋爱结婚后，我们很容易会以为自己已经摆脱了童年的那些内心戏和不安全感。我们可能很早就下定决心不要重复父母身上那些亲密关系的模式。**但事实上这些模式不断重现在我们的眼前，存在于我们自己的亲密关系中，感觉就好像与伴侣之间的关系出现了裂缝**。然而，这不是故事的结局，这只是一个开始而已。一旦我们为自己负责，并且转化我们亲密关系上的问题，所有的一切都会随之改变。每当我们与伴侣的关系再次回到融洽和谐的状态时，我们得到的回报就是与他们再次进入一个短暂的蜜月期。

指点迷津

偶尔，我们会遇见一对伴侣说他们在亲密关系中从未吵过架或发生过权力斗争。就我们的经验而言，这是因为他们从未真正深入地了解对方，距离不够近才会一直相敬如宾。一般情况下，大多数的伴侣都是会争吵的。

在争吵中，如果你一味地坚持自己是对的，你的伴侣往往就会坚持他（她）才是对的，通常你坚持的程度就等于他（她）坚持的程度。你们双方都只是坚持己见，因为你们不想体验那种妥协的难受的感觉，而这种最深层的感觉对双方都是一样的。它很可能是害怕被遗弃的、害怕被拒绝的、无价值感的、自我憎恨的，或者其他我们不愿去感受的一切。

记住，在亲密关系中你可以选择坚持要自己是对的，或者要幸福快乐。假如你目前有伴侣，想想你与伴侣间的权力斗争；假如你目前没有伴侣，那想想你与之前伴侣之间的权力斗争。

你在什么事上坚持要对的？想想上一次你们的争吵，又或者上一次你避免的争吵。到底是什么让当时的你感觉如此强烈？

你是否能觉察到，不管你体验到何种强烈的感觉，其实并不全然与当下的情况有关？你是否可以追溯到过去曾经有这种感觉的某个时间点？当时这种感觉的出现可能与你的原生家庭、学校发生的事件或童年的朋友有关。

穿越厌恶，战胜心魔

当我们离开蜜月期后，许多人会遇到的第一个陷阱，就是我们的伴侣开始表现出一些我们从未见过的行为，我们称之为心魔阶段。比如，如果我们对他人的某些行为感到厌恶或有强烈的评断（例如，我们就是受不了“懒惰”或“傲慢”的人），随后，让人害怕的是，我们的伴侣就会开始表现出一些我们无法忍受的类似行为的特质。

客户的故事

苏菲亚抱怨她身旁都没有一个像样的男人。她是一位具有文化修养、受过良好教育的社交名媛，喜欢宴请朋友，并且期望她的伴侣具备无可挑剔的社交礼仪。她告诉我过去十二年来，她有过三段重要的亲密关系，每个人在一开始都仿佛一位完美的绅士。不过好景不长，在短短的时间里，每个人都展现出一些最让人傻眼的餐桌习惯：打嗝、放屁、用手而不是用排列整齐的银质餐具吃东西。在经过尝试改变他们的行为却以失败告终后，她果断地结束了每一段亲密关系。

我向她指出，这里有两个共同点：所有的情况都和不礼貌有关，且都与她有关。

后来了解到，十二岁时，苏菲亚一直坐在家里的餐厅前玩食物。有一次，她的父亲刚结束一个商务会议，在会议上被告知了一个命运发生严重逆转的消息，他压力太大了。这时他看到附近玩食物的女儿，拍了女儿的手，并喝止了她玩食物的行为。

她崇拜她的父亲，所以在那一刻，潜意识中她因为父亲的发怒而自责不已。她内心许诺“再也不会不礼貌”，并压抑了那部分的自己。成年后，一旦亲密关系进入权力斗争阶段，她的伴侣不可避免地代表她表现出“不礼貌”的自己。

这是一个完美的例证，说明为何我们的“真爱”竟然可以在如此短暂的时间里就成为我们的噩梦。**由于对眼前发生的一切感到震惊，于是我们开始犯下亲密关系中最基本的错误：开始试着改变我们的伴侣。**在愤慨之下，我们坚持己见，自己说什么都对，而这意味着对方就是错的一方。在我们的脑海中，亲密关系开始分化。

当然，我们与伴侣之间的互动关系也反映在我们与社群、社会和周遭世界中的一切的互动关系中。我们甚至会一竿子打翻一船人，数落所有的异性。例如，“男人都是浑蛋”，或者“永远不可以相信女人”。然而，一旦**我们通过我们这面关系的“镜子”来整合我们的心魔，我们就可以向外延展，就像池塘的涟漪效应，整合我们更大的心魔。**

一旦苏菲亚发现了她行为的根源，她就可以改变这个模式了。每次他的伴侣表现出被压抑的那部分的自己的缺点时，她的反应在某种程度上是一个十二岁的受伤的小女孩的反应，那部分的自己从那件事中从未长大，每次不礼貌的餐桌行为都会引发原始事件所带来的痛苦，增强了她对伴侣行为批判的信念。在一次角色扮演的疗愈练习中，她原谅了父亲和她自己，并且重新整合了这个十二岁的女孩，弥补了她心中的裂痕。

后来苏菲亚有了她的下一段关系，然后，结婚生子。当然她仍然会遇到一些餐桌礼仪不当的情况，不过她现在有能力用成熟女人的那一面，来与先生和小孩沟通她的感觉与体验了，而不是责怪或控制他们。她说，现在餐桌礼仪不当的事件已经少之又少了。

许多亲密关系经不起强大心魔陷阱的考验，这也是为什么有些拥有干柴烈火般的感情的伴侣在蜜月期过后很快就分道扬镳了。那些有一大堆“心魔”问题清单——这往往会成为他们关系的杀手——的人，恋情的长度有越来越短的倾向，到最后他们干脆就放弃了。

这时，一个用来保护我们，使我们远离感觉和情绪的主导权力斗争的动能，会变成一种控制，这种情况通常在心魔阶段最为明显。

我们看到自己所认为的不当言行时，就会试图控制我们的伴侣，但这只会使该问题恶化。就算他们真的表现出我们希望的样子，他们也会同样地批判我们，并且开始计划反攻或逃跑。

指点迷津

控制和权力斗争是分不开的，所以在一段重要且持续发展的亲密关系中，尽你所能地放下控制是很重要的。控制欲非常强的人往往不会拥有充满爱与联结的亲密关系，当然他们的亲密关系也不会持续很久。那些放宽心和真正地接受眼前发生的一切的人在这方面就好很多了。

你属于哪一种呢？在你过去和目前的关系中，你想要控制的是什么？在控制与放下你的过去之间，你是否意识到其实你是有选择的？

依赖与独立的拉锯

并不是所有的关系在早期都会遇到心魔陷阱。有时候我们会从蜜月期直接跳到所有关系中最大的课题：**依赖与独立之间的拉锯**。

我们原本对伴侣感到兴致勃勃的一切，突然间却感到厌烦，我们感到无力且失望透顶，甚至有被玩弄的感觉。毕竟，我们一开始就以为这个人会永远珍惜、爱护我们。然而相反地，他们似乎已经开始无视我们的需求了。于是，我们陷入了争吵的陷阱，目的是想尽办法让自己的需求得到满足，以及硬要我们的伴侣改变行为，好让我们快乐。

我们常见的一种情况是，女人因为无法忍受男人的神经过于大条而生闷气。此时，男人却对为何她们的心情那么差摸不着头脑。“怎么了？”他问。“没事。”她随便回答，双手交叉搭在胸前。这就是一个典型的生气的例子，她生气的原因是她的伴侣无法和她心灵相通，不知道她的需求是什么。之所以会有这种情况出现，是因为当下的我们没有意识到，我们必须经常告诉身边的人应该如何对待我们。如果这位生闷气的妻子，可以接受一个事实——她的老公未必永远都知道她的需求，那么她就可以直接、温和而清楚地告诉他自己的需求。“需要我写出来吗？”她可能还会挖苦他。嗯，**事实上这是需要的，不管我们是男人还是女人，有时候我们都要把话详细地说清楚。**

指点迷津

通常我们会因为伴侣“不知道”我们的需求而感到受伤，而这全部和我们最初的心碎有关。除非你在一个联结完好的家庭中长大，不然你一定有一些需求没有被满足。之后这些需求就会被我们的补偿所掩盖，而这些隐藏的“不被接受的”心碎的部分就会转嫁到我们的亲密关系上。当我们相信“伴侣可以救我脱离苦海”这个童话时，我们曲解的逻辑就会要求他们负起全责来满足我们的种种需求，而责怪和愤怒的戏码往往就从这里开始上演了。殊不知，我们都是成年人，唯一可以对我们需求负责的人就是我们自己。

这场争斗的结果就是一方在情绪上变得依赖，即使双方各自在许多领域都很独立，在一段关系之中也不可能同时有两个独立的人，因为所有的关系都是相互平衡的。

你们双方都想要亲密，不过你发现自己夹在一方面想要伴侣来满足你的需求，另一方面又假装你对他们无所求之中。一旦其中一方处于某个位置时，另一方自然而然地就会走到相反的位置，亲密关系开始两极化。在一般的情况下，依赖的一方会将重心放在照顾那位独立伴侣的需求上。不过，当依赖一方专注于此时，独立的一方会开始与他们自己深层的情绪、他们自己的需求分离，最终与关系本身分离。

所有的关系都会经历这个阶段，包括非爱情的关系（这就是为什么与一位好友闹翻的感觉，有时候就好像与恋人分手一样令人心碎）。如果我们不了解权力斗争阶段的动能，那我们就永远不可能赢得良好的亲密关系。

我们的故事：光阴和际遇改变了两个人

苏珊： 在成长的过程中，我总是需要许多的认可，尤其是来自我父亲的认可。我很快学会如何成为一个“乖巧的女孩”：在学业和体育方面都表现良好，而且做事循规蹈矩。在亲密关系的早期，这种情况并不明显，然而当杰夫和我真正地生活在一起后，很快我就将这份需要被认可的需求转移到他的身上，下意识地重新扮演这个“乖巧女孩”的角色。这意味着我要成为一位能干、善解人意的伴侣，负责管理我们的家务、财务等，同时自己对他的散漫和不怎么负责任的行为开始感到不满。

这是一个经典的例子，当我们第一次见面时，我爱上他那不羁的冒险精神。最初我爱上他的那些特质，后来却成为我们摩擦和争吵的主要原因，特别是在我们的孩子出生以后。

我不明白，为什么我那么努力去做一个好妻子和好母亲，杰夫却离我越来越远。我越努力，他就越忽略我，这真的令我感到非常挫败。于是，我那需要被认可的需求衍生成渴望得到更多外在的认可，比如，房子，所以我们买下一间需要耗费很多金钱和时间去整修的老旧的大房子。然而不知为何，杰夫的船务工作让他离家越来越远，我对他似乎比较喜欢待在其他地方而感到失望，我渴望得到认可的需求越来越强烈。我将重心放在房子和孩子上，尽管第一次他回家时一切都很美好，但争吵很快就开始了，然后，忽然间，他又要出远门。

虽然我的努力得到大多数家人和朋友的认可——“你真是太厉害了！竟然可以忍受这么多！你做得真好！”，但是，我最渴望得到的是杰夫的认可。我会借机试探他，叫他做我想要他做的事来得到认可，例如，洗碗或整理花园，如果他没有通过这些“爱的测试”，我就会大发雷霆。这也难怪他感到困扰，仿佛生活不再充满乐趣。过去的我是一个典型的依赖型伴侣，每当他要出门时，我简直就是死缠着他不放，苦苦地乞求着他的爱。我是那个情绪化、爱抱怨、爱唠叨的人，而且我讨厌这样的自己，我认识的“我”并不是这样的。

杰夫：当我们的关系来到这个阶段时，我费尽心思地去成为那个独立的伴侣。当时我认为坚强和独立很重要，不可以情绪化，所以当苏珊成为依赖的一方时，我就做那个坚强而沉默的人。之后我跌入了这个阶段所有的陷阱：金钱、美色、自由等各种诱惑，甚至有了“家花哪有野花香”的强烈的出轨念头，而每次看到苏珊那么依赖我，我就想逃离。我总是期待着下一次远航冒险，并不是我真的想要这次冒险，而是因为我想要自由独立。然而离家太久，我又开始渴望回家。一旦我回到家后，这些感觉很快又会来个大逆转。经过一段时间，我终于意识到我只是在逃跑。当我在家时，我非常期望苏珊照顾我的需求，好好地操持家务和照顾孩子们。我确实要把赚的钱带回家，但这肯定不是没有条件的。

这种复杂的动能会随着时间推移而发生改变，不过通常都是由独立型的伴侣在主导。他们平时都很努力工作且具有魅力，他们坚持要有自我的空间、自由，而且做事一定要按照他们自己的方式，不然就免谈。他们也许视自己为“不羁的灵魂”。其实，通常是因为他们没勇气给出承诺，很明显他们没有意识到这一点。他们之所以害怕承诺，是因为这意味着童年中所经历的那些太痛苦且尚未处理的情绪会浮现出来，等着他们去面对。

这样一来，在亲密关系中依赖的那一方要“背负”伴侣所压抑的感觉。当一切进展顺利时，他们会感觉到所有随之而来的喜悦，但是，当事情不尽如人意时，通常是在极为不顺心的情况下，他们也会感受到这些不好的感觉。

指点迷津

现在或许你会觉得自己比对方还要独立或依赖。试着不要妄下判断，可以通过以下测试让自己在这方面有新的认知。

下面的测试问题有助于你了解自己在目前或过去的亲密关系中的动能。每一个问题中，（i）表示独立，（d）表示依赖。

- 在你们的关系中，你是想谈亲密关系的发展方向的一方？（d）还是总是找借口避免谈到这个话题的一方？（i）
- 你是比较有情绪的，并且看似所有问题都出在你身上的一方？（d）

还是那个摆平一切，比较实际，不会情绪化，解决问题的一方？（i）

- 你觉得在关系中你变成了另外一个人，一个你不太认识的人？（d）（i）
- 你常常考虑、担心，甚至为对方牵肠挂肚的程度超过对方对你的思念程度？（d）

  还是你不解为什么对方总是大惊小怪，并且希望对方可以过他们自己的生活？（i）
- 你觉得对方是你快乐与安全感的来源，不管他们以什么理由离开，你的世界都会崩塌？（d）

  还是你对对方所有的关注已暗自不耐烦，并且试图把其他人、活动或者你的工作当作快乐的来源？（i）

如果你发现这些动能已经在你们的关系中存在有一段时间了，那么你们的关系已经处于独立与依赖的两极化阶段。

情绪会消耗能量，在两极化的亲密关系中，依赖的一方因为承受过多的额外的情绪包袱而开始感到负担沉重。依赖的伴侣内心也有一个不可告人的意图，身为依赖的一方会以为在伴侣身上有某些东西可以让他（她）感到被爱，或者得到关注，又或者获得安全感。所以在下意识里，依赖伴侣给予独立伴侣的信号是："在许多方面我会付出，我会照顾你的需求，不过，你最好也同样要响应我的需求。"

这种情况看起来就好像独立一方的脚上缠着另一方的依赖而动弹不得。对依赖的伴侣而言，这真的是有失尊严，像这种死缠烂打的状况一直都是关系无疾而终的主要原因。当依赖的一方变得更无理取闹时，对他们的伴侣而言他们就更没有吸引力。虽然在关系中，所有的“问题”好像都出在依赖的一方，然而那位擅长逃离的独立伴侣，很可能会禁不起诱惑，飞一般地远离，到外地工作或者沉醉于另一个温柔乡。这是因为一旦依赖的伴侣走到极端，他们就会成为独立的伴侣最可怕的梦魇。当独立的伴侣看着依赖的伴侣时，他们心里嘀咕的是，他们发誓绝对不要像对方一样。因此他们不再有需求、不再依赖、不再情绪化，这些就是独立的人最主要的特质。

指点迷津

如果你是那位独立的伴侣，那你的挑战就是要鼓起勇气停在原地，亲近与欣赏你的伴侣，勇敢地面对并且感受他们的感觉，停止评判你那位“哭哭啼啼”的伴侣很软弱或神经质。事实上，你那位依赖的伴侣愿意感受你们双方的感觉，所以，当你带着感觉贴近你的伴侣时，会让一切回归平衡。

如果你是那位依赖的伴侣，你的挑战则是放下内心那些隐藏的索取，并且学习照顾自己的需求，停止操控（通过甜言蜜语或眼神）以换取自己想要的东西，同时别再拿伴侣开刀以填补自己内心情绪的“黑洞”。事实上，你那位独立的伴侣是在帮你呢，你要学习处理自己的需求，而不是期待别人满足你的需求，这是情感成熟要跨出的很大的一步。

我们曾经协助过完全处于依赖与独立两极化动能的伴侣，处于这种情况也是许多亲密关系终结的原因。就像我们曾经遭遇的一样，在这过程中似乎无法找到两人之间沟通的桥梁。

客户的故事

艾伦不明白为何他太太琳达很情绪化，每当她在公开场合或家族聚会中失控地对他尖叫时，他都会抓狂。他觉得他需要平静的生活，而不是这种在情绪上坐过山车的日子。这样他才可以全心全意地将精力放在提供家庭所需，并且去关心两个处在青春期的孩子方面。他试图用理性去合理地解释自己不倾听的立场，琳达痛恨他的这些“大道理”，以及他试图用他认为应该的方式来控制吃饭时间、假日和一切的活动。当她想要讨论与保持冷静时，她觉得只有非常情绪化才能凌驾于他的控制之上。当然在公共场合发飙只是她的武器之一。

艾伦和琳达对他们的行为，以及对这一切已波及他们的家庭生活和对他们认为已造成的人格影响感到害怕。当他们了解为何他们的行为变成两极化后，他们看到他们底层的感觉是相同的：

他们都觉得不被倾听，不被对方尊重。

一旦他们明白他们的相似之处和学会放弃控制，并且开始更真实与坦诚地沟通他们的感受后，他们就不再为过去这些事情争执了。

任何争执的核心都是双方试图据理力争，证明自己是对的。然而，其中一方越是坚持己见，另一方永远都会相互平衡，他也越坚持自己的意见，不愿示弱。**穿越这种动能的唯一方法是停止坚持己见，我们常说，你要将你的关系看得比你的过去和你的需求（坚持自己是对的）更为重要。**

正能量 PK 负能量

主导权力斗争的另一种动能就是所谓的正面与负面的动能。我们可以用一种角色游戏来形象地解释。以《小熊维尼与跳跳虎》中的动画角色为例，想象一种伴侣的类型是跳跳虎，个性乐观活泼、精力充沛、热心且过于自信，而另一种类型是屹耳，个性悲观自怜，是一位忧郁的哲学家，但是非常关怀朋友，渴望得到友谊。

跳跳虎经常设定一些令人振奋的目标，却往往低估实现目标所需的资源问题。选择在像跳跳虎这样正面的人身边，意味着为了配合他们宏伟的目标，我们必须牺牲自己。他们计划去做的事情一向不考虑会有什么负面后果，只顾着向前冲，看不到任何存在的问题或潜在的危机。

而悲观消极的屹耳就会表达出对目标所存在的问题或所潜在的危机的担忧，但对跳跳虎来说，这些担忧纯属抱怨，不足以相信，他们仍然奋不顾身地往前冲。这也是为什么当事情出错后，屹耳最常说的话就是："我早告诉过你了！"这样说的他却没有解决问题的能力。

指点迷津

如果你是"跳跳虎"，是那位正面积极的伴侣，那你要意识到你伴侣的能力就是找出问题所在。假设你愿意倾听，很快你会明白，与其单打独斗不如与伴侣共同努力，这样一来问题就可以更轻易有效地解决。

如果你意识到你是"屹耳"，是那位负面消极的伴侣，那是时候回到你的中心了。告诉你的伴侣你的内心的感受，不管他们的响应如何，尽你所能地回到你的中心，放下这股动能，主动走出这些争吵，迈出自己人生中的下一步。

如果这股动能走到另一个方向，而且一发不可收拾的话，亲密关系很可能会因此受到极大的伤害。**如果你们的关系已经走到这种失衡的地步，那么很重要的是，你们要借由认知对方的特质来寻找连接这两极之间的桥梁**。当你们找到平衡点后，你们很有可能成功地穿越这些障碍到达下一个阶段。并且，还可以得到额外的好处，进入一个短暂的蜜月期。

我在许多人身上都看到过这种动能，尤其在企业领域更是常见。他们往往强调正面积极，甚至要求员工保持乐观进取、积极自信的态度，而我们的世界自有其平衡之道。假设一个组织只强调正面积极的那一面，那么消极负面的那一面必然会有其自身的表达方法，通常是抱怨连连。同事们会找时间和地点聚在一起大开吐槽大会与埋怨派对。

杰夫： 在我们的关系中，我通常是那个正面积极的一方，整天想着如何致富等不切实际的计划。当事情进展不顺利时，苏珊往往就是那句老话："我早就告诉过你了！"随后我便抨击她不支持我，当时我完全没有觉察到我们俩之间这种正面与负面的动能。

最近，我参与一个项目，在几次会议后，我发现自己成了那个负面消极的人。我逃避会议的召集，并且对任何愿意听我抱怨的人发牢骚，甚至不想听我抱怨的人我也会对他们诉苦，控诉这个团队方向的错误，他们永远都不会达成目标，以及我有多么想离开，等等。然而，当了一辈子正面积极的人，现在我终于知道身为负面消极的人有何感觉了。同时，我也明白要如何放下两极化的对立，回到中正的位置。一旦我改变自己后，所有与这股动能有关的人也跟着改变。当你学会如何共同合作时，你就不会陷入这种两极化的亲密关系的处境了。

指点迷津

留意亲密关系是否有两极化的倾向，是大幅改善我们亲密关系的至关重要的第一步；平等地看待我们的伴侣更是迈进的一大步。同时，我们要意识到只有一件事情比拥有一位超级负面又爱抱怨的伴侣更糟糕，那就是我们成为这个爱抱怨的人。所以，心存感激是另一个关键，感谢对方愿意做那个负面的伴侣，并且仍然和我们生活在一起。

如果你们想走得更远，你们可以用一整天的时间互换立场，看看你们有什么感觉。如果你的伴侣事后不想换回原来的立场，也千万不要讶异啊。

多数人潜意识里把争吵当作解决问题的方法

几乎所有伴侣都会争吵，只不过有些人吵得比较“文雅”而已。**事实上，争吵就是争吵，没有好的一方，也没有坏的一方。**不管我们觉得自己多么有理，争吵永远解决不了问题。然而一开始，在权力斗争阶段独立与依赖的拉锯战中，我们很容易就会陷入冲突，并且深信我绝对是对的，对方绝对是错的。

我们之所以争吵是因为我们都在“索取”，互相攻击以满足自己的需求。所有争吵的最底层，其实都只不过是两个人在彼此控诉：

“你没有照顾我的需求，你没有付出。”**然而，可笑的是，对方身上根本就没有我们真正想要的东西。他们只是反映出我们缺少的部分，而不是他们拒绝向我们付出，你想要的礼物你本身早已具备，只不过要找到这份礼物并不容易。**需要经历一段情绪上的痛苦的过程，这几乎对所有人都不例外。这也是为什么你最爱的人会伤你最深。当我们与伴侣争吵而使痛苦浮现出来的时候，那种被情绪淹没的感觉，会让我们觉得这都是对方的错，因为其他人不会让你有这种心痛的感觉，对吗？

但是，停一停，这个人不就是你曾经在蜜月期中所认为的那位生命中的“理想伴侣”“失落的一角”吗？为何在蜜月期的欢愉过后，你们却开始彼此挑剔？难道真的都是对方的错？我想应该不是吧！不过，首先我们要了解这到底是怎么一回事，我们要了解那些被触发的感觉，别忘了，我们的行为，都受到底层的感觉驱使。我们的行为并不合乎逻辑或理性，特别是在争吵中，它们源自潜意识的冰山。

我们生气的原因永远都不是我们以为的那一个

当我们和伴侣生气的时候，我们的自动反应是这一切都是因为对方和这件事引起的。但是请想想看，回想上一次你的伴侣（或与你很亲近的人）惹你生气的时候，那是你第一次因为这样的行为而生气吗？专注在这种感觉上，感觉它在你的体内，然后吸气、呼气，看看你想起了什么。如果你现在可以花一些时间做这个练习，将对你有所帮助。谁曾经对你做过同样的行为？当时你多大？

当你诚实地面对自己，去自我检视，很快你就会明白这个问题，如何像一条线索一样贯穿你的生活。也难怪这样的问题会与其他不同的人在类似的情况中一再地发生。

当我们感到生气时，这表示我们有过去的未尽事宜需要我们处理与解决。我们生气就意味着我们对该情况有误解，它实际上指出了我们在哪方面对事物的看法有误。

我们知道这并不容易，当我们感到气愤时，我们通常都会拒绝让更深层的感觉涌上来，因为这实在是太痛苦了。于是，我们夺门而出，或者对伴侣大吼大叫，因为这些感觉令我们自己难以招架。随后，为了抵御自己再次感受这种痛苦，我们开始坚持己见，坚持自己所说的（例如，我们的伴侣有多么可怕）都是对的，于是，你瞧——自家人的对决之战就开始了。

你不可能坚持自己是对的，同时还能感到快乐。我们常说：如果你坚持自己是对的，很快你就会陷入死都要对的窘境。而且，假设你依然坚持死都要对，那么你的结果就是死路一条，别忘了，许多冲突皆起因于此。

在权力斗争中，当一方越是坚持认为自己是对的，另一方也会越坚持他们的看法是对的。不过，请务必牢记，这些只是观点而已，不是绝对的真理。

杰夫： 几年前，我在英国和几位训练师合作一个推广方案，我们想到一个大家都认为很棒的点子，而且大家可以以此为准则。然而就在很短的一段时间后，其中一位训练师不再用这个方案，因此我们起了争执。我最初的反应是强迫她参与，并且说服她。

从我的逻辑来看，我意识到自己对该情况有一个特定的看法。我觉得自己的立场毋庸置疑是正确的，其他人必须跟随我的领导。当我决定另一个课程也要采取相同的做法时，情况因此变得严重地两极分化而陷入危机。我开始感到好奇：为何她会有那样的立场，为何她有那样的想法，她如何看待这个世界？在我冷静分析后，我明白了她的立场和感受。

就在那一刻，我们不再争吵，选择再次合作找出解决问题的方法，并且一起向前迈进。

放下“自己一定是对的”的需求，是维持亲密关系长久的基本之道。但是，许多人对此感到害怕，他们认为这样就会任人摆布或被人轻视甚至欺负。但是，解决问题的答案从来不是来自一方，而是来自对有分歧的双方意见的整合，这样才是所谓的解决之道。

放下身段并不是牺牲自己，而是虽然我们可能有一部分是正确的，但是我们愿意接受“也许自己并非完全正确”。坚持自己所说的都是对的是很危险的。这不仅会让我们卡在权力斗争中，而且双方都会蒙受损失，这是一个非常昂贵的过程。

我们所认识的那些失去一切的人——关系、家庭、事业、子女的抚养权，只因为他们无法放下“坚持自己是对的一方”的需求。

这就是傲慢发挥到淋漓尽致的结果。我们就眼睁睁地看着亲密关系像经历巨大的暴风雨后被冲刷到河里的残骸，一切都只因为我们坚持己见，认为自己才是对的。我们将自己是对的看得比我们的伴侣、比幸福快乐、比爱更加重要，但是又不知道为什么我们的人生总是不尽如人意。

指点迷津

如果你的关系卡在这个位置，那你要问自己这个问题：这样值得吗？

你是否重视你的关系或你的伴侣，是否愿意疗愈你的过去，提高情商，并且扩展你自己？

还是，所有的冲突只为了坚持那些很可能不对的东西，这样值得吗？你认识多少伴侣在离婚的过程中搞得乌烟瘴气，他们争执生活上的芝麻绿豆的小事，只是要证明自己是对的，或者只是想赢过对方？

如果第一个问题你的答案是“愿意”，第二题的答案是“不值得”，那你的关系或许就有了转机。

回顾我们的关系，我们认为亲密关系的转折点在于我们不再坚持自己的立场。

杰夫： 当我停止证明苏珊是我不快乐的源头时，我不再觉得受困于婚姻和被我搞砸的生活（我很不想承认，我做的这件事搞砸了所有人的生活）。即使只是针对这个情况负起微薄的责任，都足以让我们走向正确的方向。

就算复合后，我们仍然会吵架。我还记得有一次在院子里和苏珊吵得很凶，那真是一个大喊大叫互相指责的盛会。之后有那样一个瞬间，我发现自己（或者是我的觉知）仿佛从六米多高的空中往下看，就好像在看一部自己的电影。我突然意识到我大声叫嚣的那些看法并不都是对的。我回过神来，马上向苏珊道歉。后来，我们甚至对于之前的那些争吵感到荒谬好笑。

苏珊： 一旦我停止自怜，我的“受害者”人格就瓦解了，并且可以看到我在自己与杰夫之间所隔出的距离。这道裂缝在我身后延伸，就好像从沙漠中伸展出去的高速公路，一眼望不到尽头。我证明了自己是多么有能力和负责任，在某些人那里我得到“好人”的名声，但是我赔上了自己的亲密关系，我变成一位难以接近，并且将自己的生活搞到枯燥无味的人。

经常有人问我们：“我能够做一件什么事情，就可以加速我的个人成长，带给我幸福快乐呢？”我们的答案很简单：接受一个事实——你所认为正确的一切，不一定是对的。实际上，当你了解得越多，你就越能意识到其实你知道的东西真的非常有限。我们全都是这个浩瀚神秘的宇宙中极微不足道的存在，我们自以为的“无所不知”是很荒谬可笑的想法。

我们的看法都是投射

根据荣格的理论：“当我们认为世界就是我们所见的样子时，我们就会无知地推测人们就是我们想象的那个样子。所有我们无意识的念头都不断地投射到我们的周围。”弗洛伊德认为，投射是关于在他人身上看到我们个人的缺点和“难以承认的欲望”。他的女儿安娜·弗洛伊德称这种现象为“向外转移”。

许多院校的心理学科都认同投射的产生，只不过问题就在于程度的不同。**我们应用的“人与人心理学”三角形模式的基础理论是，由于我们内在和外在的世界是紧紧相连的，所以不管是好的还是不好的，我们外在的世界完全反映出我们内在的投射。**

对身处于责难与补偿文化中的我们而言，这是一个深具挑战的概念。但生活中的诸多事例都表明，在亲密关系中，如果在潜意识的某个层面你没有先伤害自己，没有人可以伤害你。

举例来说，倘若你曾经有个老师，他在课堂上曾经对你进行言语不当的批评，使你感到羞辱，那么，当你的伴侣在盛怒之下骂你“笨蛋”时，你可能会因此感到受伤，而且很可能会愤怒反击。虽然这位老师早已是你生命中的“过去式”，但是你的这个伤痛仍然存在，而现在去处理与疗愈这个伤痛是你的责任。**假设你的内心深信自己是善良且聪明的，那么这句话对你而言就如同船过水无痕，起不了任何作用。你不会有任何情绪反应，因为你不会当真，就像你的伴侣对你说“你的耳朵是绿色的”一样。**

我们的故事：一场没有赢家的战争

苏珊：我与杰夫最大的问题是我批判他完全不负责任且不体谅他人。我总是为此感到苦恼，期望他可以留在身边，做家务，读书给孩子听，过得实际一点，可以做到我心中他应该具备的、负责任的好父亲的样子。我们可以为了一点芝麻绿豆的小事，就把对方搞得天翻地覆。例如，一堆脏盘子和地毯上的泥渍。于是在经过一番叫骂、争吵、甩门而去后，我就会听到他的车子发出刺耳的声音驶离车库，我则是倒在沙发上放声大哭。他再一次把我和孩子独自留在家里，我们的婚姻岌岌可危。我曾经还因为把酒倒在他身上而出名，另外有一次我还赏了他的下巴一拳呢！现在想想还真好笑，不过当时我真的感到很可悲。

直到我上了知见心理学工作坊有关投射的课题时，我才明白原来我们的争吵全都是关于自己的，也就是我拒绝接受我自己不负责任的那一面。为了讨好我父亲（以及得到他的爱），我压抑了风趣、洒脱、自在的性格中自发的那一面，并且认为我所压抑的部分是轻率、鲁莽和不负责任的。一旦我“唤醒”这些部分的我，我感到自在了许多。之前与杰夫在一起就像在拔河，永远都无法达成共识，然而我俩并没有谁对谁错，这一切都只是误解。原来我以为害我如此悲惨的东西，结果却成了一份最美妙的礼物——自发性。

杰夫：过去我认为苏珊真的很迂腐，又执着于小细节，她简直快把我逼疯了。虽然我爱她，但是我就是无法应付被别人逼着按照计划行事和负起责任。我感觉自己像一只被困在笼子里的动物，愤怒地做出各种反应。即使连帮忙打扫房子这种最简单的要求，都能引发我极为不满的反应，使得家里紧张的气氛一触即发。基本上，我就是一颗炸弹，只要些微的触碰就能将我引爆。

我们确实有过幸福美好的时光，享受我们的家庭生活，迎接第一个孩子，一大群的朋友派对、旅行，也沉浸于对方的陪伴之中。我们也有共同的目标，例如，我们的家庭与苏珊在家中经营的事业。

不过，随着我四海为家，过着充满激情却不负责任的生活，幸福感就开始越来越少，到最后近乎荡然无存。为了逃避这一切，我开始离家更远，我接下时间更长的海外任务，并且就在回家后不久又开始寻找下一个任务、下一次冒险。当我离家时，我会经常打电话回家，而且会讲很久（对我而言算很久了），我们也会写情书。当我在家的时候，这些感觉很快就会烟消云散。

我很庆幸，还好我有意识到，如果我继续如此，这将是一条充满破坏力的不归路。我开始在生活中冒更大的风险，酒越喝越多，烟越抽越凶，与孩子的距离越来越远，很少为他们的利益着想。离婚会突然结束这样的关系，但未来的生活不会是全新的开始——有新的工作、有新的房子、有新的妻子，而是待在牢里或早逝，并且身边一定没人为我哀悼。

当我坐在波斯湾的一个码头时，我终于清醒了。我知道我在人生的十字路口，一边是广阔的天地——无边无际的大海，一边是我的家庭。一直以来我都选择前者，不过这一次，我清楚地知道后者是更加困难的选择，需要更多的勇气，并且很可能带我进入未知的领域。现在它对我有深深的吸引力，因为内心深处我真的很想念我的家人。

当我看清楚我在亲密关系里所扮演的角色后，我内在的情绪溃堤，突然茅塞顿开。我突然意识到，在我成长的原生家庭中，我以为“如果我扛起责任我就会被拖垮”，所以我的策略是反其道而行之。

在我整个童年里，我的母亲遭受了一连串的打击，于是从我五岁开始就很少和她在一起，我去了一所严格残暴的寄宿学校。

我的家庭内部有种四分五裂的混沌的氛围，以至我不想成为其中的一分子。

我花了十年的时间才明白，原来苏珊是我的一面镜子，反映出我的自我所缺失的部分，那些可以让我再次回到完整的部分。不过，当时我没有料到，我必须要面对过去那些最初让我决定不再负责任的伤痛。但是，这一次我绝不走回头路，终于我悟到了整个关系的冲突点，这意味着我能够快速且轻松地处理它。这一路走来，一切都是值得的。

内部分裂导致外部分裂

每当我们产生冲突时，我们的伴侣其实就像一面镜子，反映出我们内心的矛盾和冲突所在。我们会认知外在的冲突，粉饰内在的冲突，然而我们的至爱会尽忠职守地代表我们演绎出内在的一面。

还记得那位受不了餐桌礼仪不佳，却总是吸引这样的男士的苏菲亚吗？以她的例子来看，我们认同其中有礼貌的一面，指责、批判与排除没有礼貌的另一面。我们的高层心灵似乎偏好吸引这些人进入我们的生活，好让这个未经解决的问题可以重见光明，并且被疗愈。

指点迷津

最佳的情况是，将伴侣的愤怒看作一种求救的信号。你或许看得出他们很受伤，但不要认为这是针对你而来的。尽量保持中正的态度看待这一切，不要评断。实际上，以同理心去对待彼此，是解决纷争的最好办法。**所以，当你发现自己因为伴侣对你的恶劣言行感到难受时，你不妨提醒自己，这说明其中有一些课题需要你学习。**你甚至还要在心里感谢他们为你带出这些课题，好让你最终得以化解并且穿越它们。你要放下对他人的评断，同时也请你放下对自己的评断，不然，那些隐藏的自我批判总是让我们的生命退缩不前。

在争吵的底层，每个人的感觉都是相同的

当我们陷入权力斗争期时，我们会视他人为我们的对手，因而造成我们不舒服的感觉。但是，我们对抗他们的真正目的，其实是逃避去感觉我们原本就有的那些难以承受的痛苦。每当我们协助陷入冲突的伴侣时，结果总是发现，驱动他们陷入这整个动能最深层最痛苦的情绪其实是相同的。

比方说，一对伴侣中两人最痛苦的情绪都是害怕被遗弃。记住，最初的吸引力中也包含这个部分，所以代表两人都有相同的问题！在亲密关系中，依赖型的伴侣会抱持与感受到这种情绪，他们行事胆怯，并且尽其所能地抓着伴侣不放，不顾一切地试图让自己永远都不再感受到被遗弃的感觉。独立型的伴侣则是完全隔离他们那种被遗弃的恐惧，并且自我约定绝对不再让自己处于被遗弃的处境。因此，通常他们会先逃走（正如他们那位依赖型伴侣所担心的一样），好让自己“全身而退”，而不会碰触到他们最核心的痛苦。所以，在这种情况下，其中一位伴侣待在家中感受这种被遗弃的感觉，而另一位会因为有这种感觉而采取行动率先遗弃伴侣。虽然双方的行为完全不同，但是两人底层都有相同的未转化的问题。

你或许在一些朋友谈论他们的亲密关系时看到过这股动能，当你有机会与另一方交谈时，你可能会发现他们抱怨的内容是相同的：“她都不听我的话”，“他都不听我的话”。他们表现出来的方式可能不同，但是他们底层的感觉是相同的。

指点迷津

花些时间想一想你责怪伴侣哪些事情，然后再花一些时间诚实地检视自己是否有相同的行为，也许行为不是一模一样的，但感觉上是一样的。记住，诚实!!!

抱怨和指责令人玩味的地方，在于如果你有勇气仔细地检视自己的行为，很快就会发现你只是将对准自己的矛头指向别人而已。我们通常会用指责他人作为一个幌子来掩饰自己的行为，我们喜欢玩好人对抗坏人的把戏。

客户的故事

一对夫妻向我们咨询，他们两人从童年开始都有很深的不安全感。在这个案例中，独立的伴侣是那位先生，他的态度很霸道，事实上他是家庭里的暴君，狂怒时还会大动拳脚。他的妻子是依赖型伴侣，在家中胆小如鼠，尽管在个人职场里她是一位受人尊敬的老师。他们表现出来的行为完全相反，内心深处却有着相同的不安全感。一旦我们将焦点放在底层的感觉后，他们对待彼此的行为也会跟着改变。当他们明白双方拥有相同的深层情绪后，他们的问题便渐渐地改善，并且觉得两人更像一个阵营里的人。既然看到双方都是一样的，那么为何还要相互攻击呢？他们终于在战壕的尽头瞥见了和解的曙光。

穿越纷争的关键是沟通

穿越纷争需要重点学习的课题之一，就是这个过程需要勇气、沟通和信任，我们必须一起努力来解决我们的问题。假设我们与伴侣争吵，而我们以为离开这段关系就能化解问题，事实上，这是一个天大的错误。因为也许我们可以抛开我们的伴侣，但这并不表示我们已经远离该问题。这个问题会跟随着我们进到下一段亲密关系中，而且我们会再一次遇到相同的引爆点。人们往往因为“合不来”而选择分手，然而不久之后，他们会发现在朋友之间也会出现相同的问题，或者更糟的是与孩子之间的关系也会重蹈覆辙。

因为我们通常被教导争吵是一件“坏事”，所以有些人会感到极度不舒服。我们认为这是一种不良的行为，我们不想身陷其中，就会选择退出。于是，我们顺应这种冲突，开始觉得我们那位发怒、心眼小、难相处，有时甚至还有暴力倾向的伴侣很“可悲”，而不是直接去面对和处理问题。**这种妥协只会增加与延长冲突，事实上你可能会感到惊讶，在一场争吵中，退出者和直接攻击者的攻击能量是相等的。**

当我们退出时，我们将伴侣推开并封闭自己，由于我们完全不与伴侣沟通，所以解决之道不可能出现。这是一种被动式攻击的行为，绝对会加深亲密关系中权力斗争的能量。

有时候，我们让自己陷入冲突以逃避生命的下一步。事实上，所有形式的权力斗争都是一种拖延的形式。我们害怕学习、成长，以及迈入人生下一步——我们的潜意识抛出这些问题的目的是要疗愈。**除非我们有勇气臣服于我们个人深层的感觉，并且重拾自己失落的一角，不然我们会一直卡在冲突之中。**一旦我们鼓起勇气面对与穿越后，下一步就会豁然开朗。我们无须寻找或苦恼于我们的下一步是什么，不须烦恼我们该留下来或离开。当我们清除阻碍我们心灵的碎片后，问题的解决之道自然会出现。

这是一个令人“发毛”的境界，因为这需要我们对生命和自己有极大的信任，才能扭转一切、反败为胜、否极泰来。同时，这也需要我们对伴侣的信任与有信心，因为在权力斗争中，这些似乎是最有可能被侵蚀而消失殆尽的。

指点迷津

选择将伴侣当成你的盟友而不是你的敌人。我们了解有暴力或虐待倾向的伴侣需要更多的介入和协助，我们就先不去讨论这个部分。在此我们假设每个人都有意愿学习，并且有一定的情商，因此身体上的暴力行为不包括在我们的讨论范围之中。

虽然虐待和暴力介入协助的方法可能有所不同，不过原则是相同的。**我们要求读者们（假设不止一个）尽可能排除这两个信念：第一个是在一段亲密关系中分好人与坏人，第二个是一个巴掌拍不响。**第二个信念其实是造就第一个信念的第一步，对解决关系问题一点帮助和建设性都没有。**你要将信任投资在最好的结果上，而不是最糟的结果上。**每一个优秀的教练或导师都深知这一点，他们看到的是潜力和可能性，虽然知道前方有障碍。**他们为达到最佳的结果而努力，把焦点全放在尽己所能，全力以赴上。**冲突无可避免，但是退出并非解决之道。唯有我们愿意感受我们的感觉，并且付出自己才能终结冲突和纷争。

不管最后伴侣是否与你同行，千万不要错失这个与之解决纷争的机会，这样你才能在生命中勇往直前。

所有的关系都是相互平衡

我们常常会觉得伴侣不好或难以相处，亲密关系出问题都是因为对方，或者在关系中看到一种“好人与坏人”不平衡的剧情。在我们的研究中，我们认为所有的关系，不管多么两极化，都是完美地相互平衡。当一方越失衡，另一方就越会以另一种失衡的方式来平衡双方的关系，所以，基本上双方的失衡程度是一模一样的。

要创造成功和幸福的亲密关系，其中很重要的原则是不指责、无对错，取而代之的是学习亲密关系中两人之间动能的真实变化。重点是，你要承认你们的关系开始出现两极化，在某种程度上这是很自然的。不过，当我们过度两极化时，我们会强化权力斗争，最终迫使双方都要付出极惨重的代价。

当你渐渐地消化这个观点时，你也许要深吸一口气。你的心理可能需要一段时间才能接受，在一段难熬的关系中，你要为自己所有的感觉负责。如果你是那种倾向于“收集证据”的人，在脑海中列出所有“你对我不好的事”的清单。基本上，没有人可以伤害你，除非你在深层的潜意识里先以某种方式伤害自己。我们之所以知道，是因为我们是过来人，而且在我们的亲密关系中有点戏剧化地走出了它。

我们的故事：一个人就能改变亲密关系的动能

苏珊：1989年，我们的关系已经恶化到“叫你爸把盐递过来”的地步，所以我们分居了两年。当我最后交给杰夫离婚协议书时，我的情绪有很大的起伏。每隔几小时，我就想到他和我之间的问题。假设我采取这个或那个行动，他可能会说什么或做什么来响应我的行动？我真的那么没有吸引力吗？就算他不想见到我，我该如何让他与孩子们保持联络？

之后，一个朋友借给我恰克·史匹桑诺的录音带，其中有提及他个人的精神旅程，以及他发展知见心理学模式的过程。这卷录音带让我明白，我绝对不可能改变杰夫，让他成为我心目中理想的父亲和丈夫。我突然领悟到：我唯一可以改变的人是我自己，而我过去的模式让我成为一个令人厌恶的依赖型伴侣。

我完全接受杰夫的一切，并且毫无保留地放下他。我感到非常轻松自在，这种感觉真是棒极了！然后，在短短的几天之内，他出现在了门口。我非常震惊，我从没想过会这样，当亲密关系都来到这一步时，真的是连做梦都没想过。我认为我当时过得很好，不再需要他了，而且我甚至也开始了另一段关系。

杰夫告诉我，他要成为一直以来我心里渴求的父亲和丈夫，并且央求我让他回来。我不能肯定他是否会有所不同，所以我拒绝了他。随后他拿起朋友留在家里的知见心理学工作坊的小册子，这才是我们的亲密关系的真正的转折点，他从第一个工作坊回来后仿佛就变成了另一个人。突然间一切不再都是我的错，我们居然可以心平气和地讨论事情。后来他继续参加工作坊，并且每一次都与我分享他学到哪些关于自己的东西。于是我开始思索，也许我们还有机会再续前缘。然而，在我承认我已经准备好相信这一切的转变前，有好几个月我都采取了保留的态度。

杰夫：当我收到苏珊的离婚协议书时，我记得我是带着极度可怕的痛苦情绪仓皇地开车离去的。我不知道该如何应对，除了借酒消愁，就是接更多的工作，好让自己远离这一切。

正如我之前提过的，有一天早上我醒来，我知道我变了。当时，我正指挥一艘拖船航行在六千四百公里外的波斯湾。这点我始终感到惊讶不已，因为这个时刻差不多刚好就是苏珊毫无保留地放下我的时刻。

当时，我不知道为什么，不过，我就是无法再担任那个有胆量下任何指令的船长角色。我心里的外墙几近崩溃，我被排山倒海而来的情绪淹没——痛苦的浪涛一波又一波地涌现，并且渴望回到苏珊的身边。

离开那艘船真是一件大事。当时涉及许多财务上的利害关系，而且我的上司是一个难搞的壮汉。我心想："如果我可以全身而退，那我还真的是走狗屎运呢！"当我告诉他，为了我的家人和婚姻，我要辞职时，我的双脚都在靴子里发抖。随后，他直视我的双眼告诉我，他多希望也能够拥有我这份勇气可以做出这样的决定。

第二天，我搭飞机回家，失魂落魄地哀求苏珊让我回来。感谢老天，还好她拒绝了我。这意味着我必须做一些我曾经发誓绝对不碰的事情，例如接受治疗，也就是面对我自己。我从一个极端去到另一个极端，借由尝试参加瑜伽和冥想，主要是为了讨好苏珊。

后来，我参加恰克·史匹桑诺的知见心理学工作坊，而且经过这么一次就上瘾了。通过一次又一次的工作坊，我看到恰克揭露了人们关系问题中潜意识底层的动能。

他协助我看到我的反叛和情感的需求从何而来。当我被送到严格残酷的寄宿学校后，意味着为了求生存，我不得不封闭自己的情绪。然而，这引发我叛逆的冲动和过着“冒险刺激”的生活。另外，我父亲非常光明正大地搞外遇，我意识到，当我们评断父母亲的行为不当时，长大后我们不是追随他们的脚步（我就是这样），就是发誓永远都不要像他们一样。不过，通常我们都会批判自己，仿佛自己也做了相同的事情，或者我们的伴侣会表现出那样的行为。

这些是众多课题中，我首先要学习的功课，不过，当我明白我所作所为的来龙去脉后，我有如释重负的轻松感。终于，我的生活一切都有解了，我第一次感觉到我真的是我生命中的船长，我可以开始为自己的船掌舵，而不是任由潜意识摆布而不自觉。

如果我们抱持良好的学习心态，我们的亲密关系将会是一个学习的最佳场所，同时也是一支不断开展的舞蹈，引领我们走向幸福的大门。然而，当我们坚持己见陷入争执时，我们就会停止学习，当我们在关系中不再学习后，关系就会开始步入死亡。

第三节
死亡区期

“宝贝，宝贝，我们的爱去哪儿了？”

俗话说“异”性相吸，如果你的亲密关系是双方性格差异大的情况，为了穿越你们彼此之间的差异和分歧，那么你可能会花比较长的时间在权力斗争期。其他双方性格较为相似的伴侣，则会花更多的时间在死亡区期，这也是迈入伙伴关系期之前的最后一个阶段。

在蜜月期，我们给予新伴侣我们所拥有的一切。我们充满乐趣、自发性、性能量，因而创造了浓情蜜意的蜜月期。但是，到了某个点，我们发现我们不再有美好的礼物可以大赠送。相反，我们剩下来的只是生活琐事、各种挫败、在浴室里的怪癖，以及童年时对毛茸茸的动物所做过的一些事情。

然而，我们并不想呈现这一面给我们的伴侣看。我们担心他们知道后很可能会离开我们。如果告诉他们我们人性中的弱点，或者我们掀开所有的底牌，这一定会吓到他们。所以，我们隐藏我们破碎的残片，开始假装我们认为应该表现的样子，成为一个细心周到的好丈夫、相夫教子的好妻子、仁慈善良的好家长，但这些都不是真正的你。这就好像你做了一个自己的机器人，然后由某人启动自动运行装置，完全失去自发性，真正的你已经被埋没了。

你现在是在照着脚本过生活，活在角色里，做着正确得宜的事情，但是出自不当的理由。这种不真实感让你与伴侣之间产生距离，并且失去联结，从而导致我们的亲密关系变得死气沉沉。我们太忙于成为我们“应该”成为的人，而不是做自己，那种感觉就好像所有生活中的乐趣、激情、狂热、性能量和充实感已经荡然无存。因此，我们进入一个生命最大的陷阱，许多关系、许多婚姻、许多人都在这个阶段沉睡而终，我们来到了死亡区期！

死亡区期的真正问题并不在外面，而在我们的内心

亲密关系来到死亡区期意味着你在某些领域已达到某种成功的境界。你们在一起已经有一段时间，你们也过了那个因为一点小事动不动就吵着要分手的阶段。通常在事业方面，你们已达到中高级管理阶层，或者你拥有自己的公司或个人事业。你拥有外在物质层面的成功——有妻子、孩子、房子、车子、票子、狗、猫，但是你感受不到它。

我们事业有成，但是感受不到成功。如果硬要提及感受的话，反而我们觉得自己比以往更失败。我们以为若要有价值、要幸福快乐，至少我们要努力工作，并且成为“什么样的人”才能有所得。**但是，除非你本身先感到快乐和自我价值感，不然，再多的世俗成功也无法让你幸福快乐**。许多有才能、技术精湛、聪明、成功的人都暗地里害怕被人揪出来，认为他们只不过是“名过其实”的伪君子，因为底层里他们认为自己的确如此。许多身居高位的人经常挂在嘴边的话是“越困难的事情，越能激发我的斗志”和“我必须带领大家”，或者他们领导者的看法可以总结为“金字塔顶端的人总是孤独的”。由于这些深层的挫败感占据上风，所以我们会试图用无数的方法让自己远离这种沉闷的感觉。我们可能会加班、变得懒惰、沮丧或放纵（喝酒、抽烟、暴饮暴食、购物等）。对身陷死亡区期的情况置之不理可能会导致筋疲力尽，然后再不断地努力工作，玩起事后用力补偿的把戏。

这个时期“性”成为一种义务的形式，不再有令人兴奋的冲动。在死亡区期里，我们往往需要更多的刺激来体验一时的感觉。我们会去寻找一些刺激的事情来做，只为了让自己的肾上腺素再次上升。我们变成怪人，做一些极端的运动或买部轰隆叫的重型哈雷摩托车，做一些可以为我们生命注入活力的事情。

有些人回到家会故意挑衅伴侣，使劲惹火他们，只为了看他们的反应，因为我们受不了这个阶段死气沉沉的感觉。最后到了某个点，通常四十岁左右，由于实在太沉闷，所以，我们听到脑海里有个声音说："快跑，离开这个鬼地方吧！"我们放弃工作、家庭，然后前往澳大利亚的邦迪海滩开一间酒吧，以为这样我们就能重回往日的激情。当然一开始都很美好，不过"江山易改，禀性难移"。过去模式的重演只是迟早的问题，死气沉沉的感觉仍然会悄悄笼罩着你。真正的问题并不在外面，而是在我们自己的内心。

男人更容易受到死亡区期的影响，这和中年危机有关。我们之所以在此说明是要让你明白，到底是什么驱动人们在自己的亲密关系以外寻求刺激。这个时间点也是夫妻最容易发生婚外情的时候，因为这时人们渴望能够再次感受到一些蜜月期的感觉。

一些两性类的自媒体永远对"如何重燃爱的火花"这类的文章乐此不疲。没错，你可以去尝试一切，从高空弹跳到浪漫之旅都行。不过，除非你解决内心底层的根本原因，不然一切只会沦为消遣娱乐而已。也许一阵子觉得有趣，但是这并非长久之计，在死亡区期中，我们已失去感受的能力，所以，没了感觉的一切的人、事、物，都只不过是个"客体"而已。

我们的故事：当爱的火花熄灭了

杰夫：当我和苏珊的关系处在死亡区期时，身体上我不再被她吸引。甚至有段时间，我认为除了她之外，每个人看起来都像个理想的伴侣。我坚信我们的激情完全熄灭了，而且再也回不来了。然而，在我们一起穿越死亡区期后，我才发现以前所有的热情、乐趣，以及肢体上的亲昵接触都再次涌现，而且这种状态到现在都没有中断。

我经常阅读有关如何让婚姻再次充满生气的文章，有些文章甚至建议来一次外遇也是可以的。问题是当你真的这么做的时候，恐怕幸福快乐的大门就已经对你关上了，因为你分不清楚婚姻的幸福和肾上腺素作用的差别，这样反而会将自己锁在更深的死亡区里。

苏珊：当我们表面上停止争吵时，我们只是陷入了一成不变的、可怕的死亡区期。每一个瞬间、每一次对话、每一次做爱……似乎都是预料之中。之前看起来好像不争吵就没有出路，所以我干脆放弃。我硬撑着让自己成为一个任劳任怨、能干且能独当一面的人。不过，底层里我感到自己是一个失败者，但我不会承认，我极力掩饰这一面，并且武装自己。直到我们的分手把我惊醒，让我走出死亡区。

许多人告诉我们，当他们和伴侣不在一起了，相处上反而渐入佳境，因为他们觉得终于可以再次做回自己，无须受到权力斗争和死亡区那些神秘动能的摆布。当我和杰夫分手后，我们终于开始比以往更坦诚、更平和地交谈，而且，当我们明白为何我们会搞到这种乌烟瘴气的地步时，我们之间的相处就更加真实、直率和坦然了。

死亡区期的陷阱

死亡区期是一个棘手的阶段，充满陷阱、诱惑和潜伏的危险。当我们被困在这个阶段时，我们会很轻易地放弃亲密，认为爱已逝去。**但是，这不是放弃、回避或逃走的时候，事实上这是两人共同承诺穿越这个死气沉沉的阶段的契机**。这个阶段显示出让我们退缩不前的内在障碍点，不仅是在爱情上，生活上也是如此。所以，让我们好好来探讨一下大多数人在这个阶段都会掉进的四大陷阱。

死亡区期陷阱一：隐藏在角色背后的我们无法沟通

角色

几乎每个人都身兼许多角色，而且每一个角色都像一副盔甲，将真实的我们隐藏在里面。**我们的角色是在童年的时候，当人生或家庭出了某些状况时所建立的，在某种程度上，每个人都会经历这个过程**。并且，在当时做出了一些选择，包括对人生、男人、女人的看法等。而这些所有的选择建立了我们的信念系统，随后我们将它们埋藏在了潜意识里。然而，就是这些深藏不露的信念创造了所谓的“我们的实相”。

指点迷津

让我们想象一下，身为一个孩子，当我们被分派做某件“愚蠢”的事情而感到羞辱时，我们会以为事实就是这样。从此以后，我们很可能会在心里做一个决定：“从现在开始，我一定要放聪明一点。”这个“决定”就会创造一个聪明的角色，当然，这不一定是件坏事，只不过这个角色是建立在童年的创伤之上的，目的是补偿我们以为自己真的很愚蠢的信念。日后在生活中，我们对那些我们认为很笨的人就会产生极大的反应，特别是如果这个人刚好就是我们的伴侣。当然不可避免地，我们也会对批评，或者任何认为你“愚蠢”的推断超级敏感。

这些认为你聪明或愚蠢的想法可能并不是你的确切的问题，但是这些补偿的是你的强烈的情绪反应。什么问题会引发你强烈的情绪反应呢？

当我们无法忍受周围的我们“认为”很笨的人，或者当有人指责我们“愚蠢”时，我们强烈的情绪就反映出我们的角色或底层信念。在研讨会中，每一位参与者都会搭档一位伙伴，这么做的目的之一，就是要让我们觉察我们潜意识层面所隐藏的负面信念。似乎有种看不见的力量，驱动那些会触发我们（隐藏的一面）的人靠近我们。这一切并不是为了惩罚我们，而是我们某个部分的自己希望得到疗愈，希望可以面对这些关于自己的负面信念。

在这些情况下，你的角色或你很“愚蠢”都不是真的。你之所以被称为愚蠢，很可能是因为说你很笨的那个人内心觉得自己很愚蠢，而他们觉得自己愚蠢是因为他们小时候发生了一些事情，之后他们就用角色将这份感觉隐藏起来。这种创伤一代传一代，而我们唯一的问题是，它何时才会停止？

在我们人生的过程中，我们会建立许多角色，成为好人、努力的人、好父母。

你会知道你是否在扮演角色，因为迟早你会感到生活一成不变，进而导致筋疲力尽。**那种感觉就好像无论我们再怎么努力，总是不够好，而且永远都得不到我们期望的认可和回报**。所有的奖励全都回馈给了角色，真实的我们接收不到。

对许多人来说，当盔甲已经穿到不胜负荷时，我们的角色就会崩溃。在这种情况下，当事情出现转机前往往会有恶化的迹象，因为深埋在心底的挫败感和抑郁情绪终于有机会得到纾解。

所以，我们的第一个本能通常是企图再次抓住角色，不过，这一招实际上于事无补，因为这些感觉并不是关于现在的，而是与小时候我们选择该角色的那个时间点有关。

当我们角色崩溃时，通常我们最深层的感觉就是想放弃，而且只想一了百了。重要的是我们要意识到这种感觉，并且明白我们无须为此采取行动。**事实上，我们唯一要做的就是留意这些感觉，并且与之共处，当然这需要时间，而且并不容易。**然而，当我们与这些感觉共处，并且持续选择忠于自己时，不管内心的感觉多么摇摆，到最后整个角色都会逐渐瓦解，就像枯叶从树上飘落而下。**是的，有一部分的你正在消逝，但这并不是真正的“你”，而是你那些不真实的扭曲的小我。**当角色瓦解后，你才有空间展现真实的自我。

当我们开始展现真我时，我们就不需要再隐藏。我们会对自己的感觉和想法坦诚，但不是用攻击或唠叨的方法表现出来，因为我们本身就是这样：有时感觉很好，有时感觉不太好，但是不管如何，这些感觉都是真实的。**我们会知道自己是否已放下角色，因为我们会体验到更多美好的事物，我们会更热爱生活，不再如过去那般疲惫和倦怠。**我们开始对自己所做的事情感到美好，并且接受我们的成就所带来的奖励和赞赏。这些感觉滋润我们，让我们的关系更加亲密，让我们的事业更为成功。

客户的故事

多年前，我在举办的工作坊中，遇到一位美丽、优雅、富裕的女士，她成功地经营着一家连锁的水疗和健身中心。表面上她拥有一切，不过，当我问她是否快乐时，她的回答是否定的。因为她正陷入角色之中，而她的角色是做一个努力工作的人。这个角色从她小时候就开始了，当时她父亲抨击她懒惰。她将这个事压抑下来，创造了一个她父亲认可的角色。在求学和往后的职业生涯中，这个角色带给她财富与物质上的成功。不过，在所有的成功之下其实埋藏着一个童年的创伤，根源在于她认为自己无法让父亲高兴。她的成功建立在这份挫败感之上，当她提到这个部分时，她暗示她的底层有种想放弃一切的感觉。

我从和许多人互动的经验中得知，表面上这种想放弃的感觉只是冰山一角，底层里我们其实是很认真地想要全盘放弃。当我问到她花多少时间考虑一了百了时，她的答复连我都感到震惊。她每天大约有八小时都在思考这个问题，不过，让她尚未付诸行动的唯一原因是她认为这样会伤害她的儿子。

我们协助她回到最原始的事件，让她探究那时父亲的情况，以及父亲为何有这样的反应，还有父亲当时对自己行为的感觉。在这一过程中，她渐渐地宽恕了父亲和自己，并且有意识地去疗愈心中这块碎片。之后，她放下心里那个“不得不”的念头，改用选择的态度努力工作。发自我们的自由意志而不是角色所做的选择让一切变得不同。所以，从那时候起，她可以基于正当的理由努力工作，对自己的成就感到美好，并且开始享受人生以及与儿子一起分享，而不是整天独自思索要如何放弃这一切。

角色瓦解的过程可能极为纷乱，而且其中产生的差距会让我们迷失方向，甚至让我们面临死亡的诱惑。不过这也会让我们无羁绊地迈向更成功的亲密关系与人生。我们要明白角色从来就不是真正的自己，同样地，不管当时的感受有多么“真实”，感觉到像个伪君子或失败者的打击都只不过是一种假象。**重要的是我们愿意放下我们的角色，假如我们将整个生命建立在角色之上，迟早有一天当角色崩溃时，我们的人生也会随之全盘瓦解**。一旦我们学会这个心理疏导的方法后，我们就可以协助朋友和家人，因为当我们意识到他们的角色瓦解时，我们就可以明白如何去协助和指引他们。

规则

大多数人都带着很多的规则进入亲密关系，其中有些我们会与伴侣沟通，有些则不会。我们大概会认为没必要告诉他们，因为他们应该是爱我们的。如果他们是爱我们的，不管怎样，他们都应该心电感应到我们的规则，不是吗？**麻烦的是我们可能有很多自相矛盾的规则，有时候甚至连自己都搞不清楚。而且可以断定的是，终究有一天你的伴侣一定会打破你的规则**。而这种居然敢打破我的规则的“罪行”，也就成为导致许多亲密关系破裂的原因。

所有的规则都有一个法则：规则是用来被打破的。不用说也知道，当这种情况发生时必然引发一堆情绪。因为在过去当亲密关系出错时，我们不是揪出痛苦的根源，反而是将痛苦埋藏起来，再制定一些规则，并认为只要不破坏这些规则，我们就能够避免重复过去的伤痛。

客户的故事

有一次在中国台湾的工作坊中，有一位男士提到他的婚姻非常失败。当我们问他原因时，他告诉我们，对他而言极为重要的一点是“伴侣永远都要守时”。结婚一开始，伴侣总是很准时，过了七年后，她越来越不准时，所以他们开始为此争吵。她打破了他的规则，他们为这件事产生了巨大的冲突。

于是，我们协助他追溯制造这个规则的起源，发现是因为童年的一个意外事件。当时他妈妈不断托人叫在街上玩耍的他回家吃晚餐，然而他不予理会，后来他被一辆摩托车撞伤送进医院，脸上受到重创。他将这个事件所有的痛苦埋藏起来，每当他想起这个事件，他就会立即将情绪压抑下来。为了让自己不再触碰这些情绪，下意识地他就建立了一个规则：“无论做什么事都要准时！”然而，当他太太打破他的规则时，他之所以反应过度，是因为这个情况触发了他童年的痛苦，不过现在他有机会让这份痛苦得以疗愈。

当我们定下规则以捍卫我们的脆弱、保护自己免于感受最初的痛苦时，我们的一切作为只是把自己和身边的人逼得喘不过气来。规则越多，生活就越沉闷，到最后我们的生命就变得了无生气了。

指点迷津

我们并非主张要过一个无秩序的生活，不过，我们建议你可以**用原则来取代规则**。规则没有协商的余地，但原则有，而且随着你们的成长，原则也可以随时调整。例如，原则是："我永远不会做任何有意伤害你的事情"或者"我承诺尽己所能地成为最好的伴侣"。

责任

这个部分牵涉角色和规则的方面，我们觉得我们不得不对家庭、我们的朋友，或者我们的国家尽责。**当然，讲道义与对他人忠诚是件好事。不过，如果我们是以"不得不"或"必须"的心态去做的，那就不是出自真心，结果反而会成为一种阻碍，进而造成某种程度的隔阂，这是死亡区期的一种典型的现象**。我们尽忠职守的行为少了热情，而埋怨和无趣感与日俱增。那种感觉就好像职责在身，不管是对社会、家庭或事业，我们都是身不由己，毫无选择权。

很多时候，我们常在研讨会与工作坊听到人们说："我别无选择！"假如我们信以为真，那我们就不再相信我们其实是可以有选择的。又或者我们也许会习惯性地做出反应，有意无意地跳过选择的时间点。**改变这个信念的第一步是提高"发生的事情往往是我们选择的结果"的觉察力，第二步则是了解我们做出了哪些选择。**

客户的故事

菲奥娜向我们提到一个关于“今天她想要照顾年迈的母亲的两难”。菲奥娜是一位艺术家，并且是四个兄弟姐妹中唯一没有成家的人。她知道母亲讨厌搬家，她想要照顾母亲，但是这个责任的重担压得她喘不过气来。为什么一定是她来做这一切？为什么不是其他人？那她自己的人生呢？

我们协助菲奥娜看清这一切的来龙去脉，在过去，她经常为了照顾家庭选择牺牲自己的生活。一旦她原谅自己与她的家庭，她就可以问问自己真正想要的究竟是什么，从而做出真心的选择：搬去和母亲同住。这是母亲过世前两年的事情，菲奥娜告诉我们，她很高兴与母亲共度那些时光，她的兄弟姐妹也有帮忙，每个人在家庭中都感到其乐融融。

杰夫： 过去当我看到伴侣做出一些我不喜欢的行为时我会立马有反应，往往在几秒之内就会生气、不开心或沮丧。我完全忽略了其实是我自己选择了我的反应，通常我会根据自己的主张去责怪对方。第一个也是最重要的是学会开始对自己的情绪负责任，而不是动不动就去责怪他人。如果我生气，那是因为我选择要生气。如果我觉得我不得不做某件事情，那是因为我做出一个这样的选择。即使我开始相信我别无选择，那这个“别无选择”也是一种选择。

这是我们教学的基石：认知你做出何种选择，因为事情的结果就是你的选择。你选择这样因为这是你的感觉，你选择这样因为它是你潜意识想要的结果。如果你想要拿回生命中的力量，那么意识到这股潜意识里的动能是非常重要的。因为你现在所做的选择，是根据过去你还是小孩子的时候所做的决定而选择的。一旦你接受一直以来所有的选择都是自己做的，你永远都可以做出新的选择。新的选择不是过去那些没什么帮助或自我挫败的选择，而是一些可以引领你的方向，你有意识地想要的选择。

现在我们意识到我们可以做出新的选择，我们可以有意识地选择做某些事情或不做某些事情。这样一来结果会大不同，因为我们不会对我们所选择的行为感到不堪重负。在生命的某些领域中，我们或许需要做不止一次的选择，而事实上在亲密关系中，我们需要做数千次以上的选择。

指点迷津

想想生命中你觉得是一种责任或义务的情况，它可以是任何事，很可能是照顾长辈、做一份你不喜欢的工作、整理家务，或者维持一段你感到受困的关系。

- 当你的脑海里有声音说“我不得不”时，你难道不觉得这是一种负担，是生命中令人沮丧的沉重负荷吗？
- 现在，用“我选择”来取代“我不得不”，去感觉内心情绪与能量有什么转变？
- 或许另一个问题会浮现出来：“这是我真心的选择吗？”如果是的话，那是否有一些方法，让这个选择可以有更好的解决之道，能顾及每一个人，包括自己？
- 当想清楚你的选择后，你就会赢回生命中与这个选择有关的力量。

粘连

当你向朋友们抱怨你的伴侣时，你就知道你与伴侣的关系正处在粘连的阶段。“女人！拜托！”你可能翻白眼，语带愤怒说出，“真受不了她们，却又不能没有她们。”

如果你真的受不了或者不能没有你的伴侣，那么，你们之间就属于一种不健康的联结关系，即粘连的关系。这股动能最早始于你的原生家庭，因为一次创伤或痛苦，导致我们失去强烈的自我意识，并且觉得在有爱联结的家庭里，没有我们的容身之处。于是我们失去自我的界限，失去自我与他人之间的区隔。我们过度认同他人，进而承担他们的情绪，好像他们的情绪就是我们自己的情绪。某些时候，我们会隐藏这个过度认同他人的态度，表现出一副毫不在意的样子。

客户的故事

海伦的第二个女儿在六个月时得了脑膜炎，当时海伦连续好几个星期得到医院整天陪护。在那期间，小女儿也有几次痉挛发作，医生也很难判断她的复原状况如何。当海伦回家后，她感到疲惫与恐惧，她担心会失去她的女儿们，所以她几乎是寸步不离，害怕离开后就再也见不到女儿们了。因此，她与女儿产生了典型的粘连关系。随着孩子渐渐地长大，这种底层感觉越来越明显地显现出来，就是每当她离开房间后，她的女儿们就开始争吵，她和女儿们变得非常依赖对方，以至每次分离都会引发恐惧。

这股动能可能会在双方关系似乎开始更亲近时出现，这种亲密感令人生畏，所以彼此吵着要分手，结果就是分道扬镳。不过，当你们分隔两地时，又开始想念对方，因此你们就试着找出能维系关系的适当距离。然而，这种距离会导致亲密关系沉闷。**当关系产生粘连时，通常我们会花大把的时间思考或讨论“界限”，不过事实上，与其如此，倒不如多花点时间学习如何与对方联结，并且发展健全的自我意识。**

当有以下的情况时，就表示你们是**处于粘连的关系中：**

- 沟通不良或根本没有沟通。无论你如何使劲地说明你的“立场”，你的伴侣似乎都“抓不到重点”。实际上，他们响应的方式显示出他们并没有听进去你所说的话，而你其实一样也没有把他们的话当一回事。

- 你受不了你的伴侣，但你又不能没有他。一分钟前还很爱他，渴望得到他的关爱，一分钟后却又无法忍受他，想要逃开。
- 粘连是指双方失去界限，关系纠缠不清，不知如何拿捏分寸，你必须竖起防卫“盾牌”才能有自我的感觉。在这样的关系中，我们往往会订下一些关于“我的个人空间”的规则。也许我们会创造一个“闲人止步”的区域，或者参加一些如何设定分明的界限的研讨会。
- 我们带着愉快的心情回家，但当我们踏进家门后发现伴侣心情不好，没几分钟后，我们也跟着不开心了。
- 我们认为伴侣比我们好或差，而不是平等的。然而，唯有双方平等以待，爱才会在彼此之间流动。
- 在关系中我们觉得自己似乎“失去”自我，我们对自己人生中真正想要的感到茫然。
- 我们害怕真正的亲密，因为我们害怕会因此“失去自我”。然而，只有那些已经“失去”自己的人才会再一次地害怕旧事重演。

在全然联结的关系中，你清楚地知道自己是谁，并且可以轻易地与伴侣分享自己，因此沟通、爱与感激会在你们之间流动。

当有以下的状况时，这就表示你们是处于**全然联结的关系中**：

- 你有强烈的自我认知，你对于人与人之间的分寸拿捏得当，你对他人有同理心，但不会因此失去自己。

- 你有强烈的联结感，超越时间与空间。如果你与孩子或伴侣有联结，不管他们身在何处，你都可以感觉到他们，并且知道他们的状况。
- 联结为我们带来平等的感觉、分享的能力与包容的意识。每个家庭成员都是平等的，没有人感觉到孤单。
- 你可以轻易地沟通想法和感觉。
- 你可以轻易地达到成功，因为你的心思不再分裂，想法不再分歧。
- 付出爱对你而言是轻而易举的。

苏珊： 在我们分居前，我们的关系有很强的粘连成分。我们发现，想要沟通出我们的亲密关系中存在的问题非常困难。我们俩都不认为对方会把彼此的话“听进去”，所以我们各自的心里都有被误解和不满的感觉。当我们分隔两地，我们又渴望在一起，而且我们的电话内容中也充满爱意和思念。然而，当我们聚在一起时，我们就想着我们还要多久才会分开。不过，当我们觉察到我们在各自的原生家庭中就已经失去了自我意识的模式后，我们的沟通更真实了，而且双方都感觉到被倾听。虽然，仍有些时刻过往的粘连模式会浮现水面，尤其在企业的往来中，但是我们已经学会更警觉地面对粘连的迹象了。

指点迷津

花一些时间思索最近与一位亲近的人产生误解，感到他伤害了你或让你难过的事件。发生什么事情？这个事件有谁涉及其中？

现在当你接触这些感觉时，回想一下是否让你想起原生家庭中的某个情况。当时发生什么事情，有谁涉及其中？

现在请你想象切断所有这些不真实的粘连，宽恕最初事件中所有涉及的人。当你想象这个画面时，去感觉一种美妙的自由：轻松自在地做自己，在每日生活中保持坦荡真实。

死亡区期陷阱二：停滞在各自童年的家庭动能里

家庭动能

许多人经常抱怨他们的伴侣令他们失望。最常见的情况为：“他竟然像我老爸！”或者：“她已经不是当初我娶的那个女人了，她和我说话的口气就像我老妈！”

在任何关系中，早晚我们都要面对我们的家庭动能，因为我们所有的亲密关系的模式，都是来自我们原生家庭的模式。我们将伴侣变成父母，原本你与父母之间的问题，现在就成为你和伴侣要共同面对的问题。这其中唯一真正的问题是你究竟要与谁做这个解决问题的功课？终究我们都得面对这个问题，所以，如果我们没有与父母做好功课，那么迟早我们就要和伴侣一起面对这个课题。如果我们决定逃避不做，那么，我们就会在下个伴侣身上玩起同样的把戏，或者被迫与孩子做这个功课。哦！说到家庭，也许你与孩子天各一方，也许你的父母早已不在世上，不过，你永远都逃不过家庭动能的魔掌。

我们已经了解到不管我们童年的家庭经验如何，我们都会在目前的家庭中创造相同的体验。不仅如此，不管我们如何评断我们的父母，长大后我们很可能也会和他们一样。“天啊！”当你进入中年危机来到死亡区期时，你可能会对自己说：“我变得像我妈一样了！亏我还发过誓永远都不要像她那样呢！”

我们的故事：勇敢面对自己，永远都不会太迟

杰夫：我在肯尼亚农场长大，沉浸在两个极为不同的文化中，可想而知生活绝不会是一帆风顺的。就许多方面而言，生活的确很刺激与惊险，不过，现在我意识到，小时候我批判父亲永远都不在我身边，五岁时我就被送到了寄宿学校。即使在学校放假期间，我的两位兄弟似乎总是比我得到更多的关注。

当我开始检视自己，并且为自己的行为负起全责时，我意识到的第一件事情就是，我对自己儿子做的行为正是我过去所批判的我父亲的行为。没错，我儿子和我在船上有过一些很棒的冒险经历，然而在他童年时期，我有很长一段时间都不在他身边。这

份醒悟让我突然开窍，并且激励我彻底整肃我的行为。当然，不用说也知道，我意识到自己在婚姻中也经常缺席。

苏珊：在我的原生家庭中，我们从来都不谈感觉，话题永远都是绕着谁要去哪里，什么时候去，为什么要去，以及如何去。我看到我在与杰夫和孩子之间，也创造出了相同的事务性的沟通方式，我们从来不碰底层的感觉，话题永远都是关于接下来要做的事情。

之后，当我们的儿子戴维上中学后，突然间，他似乎变得不太爱说话，每当回到家后，他就直接进到他的房间。我很想念他，而且饱受折磨，因为他不再和我分享他当天过得如何。后来，我渐渐地理解，我应该主动与他沟通，于是我开始更坦白且深入地告诉他我发生的事情，以及我对各种事情不同的见解。当我这么做时，我并不期待他会以任何特定的方式回应我，然而感觉上渐入佳境，而且更坦然开放。慢慢地，我们又回到平衡点，并且他又再次对我倾诉心事了。

我们注定要走的路比我们的父母更远，我们向他们学习，但要建立我们个人的生活。根据不同的家庭情况，把我们自己从家庭动能中解放出来，可能是一个艰难且痛苦的过程。有些治疗师建议把原生家庭抛诸脑后，不过，**我们会说，我们的自由是来自接受、宽恕与整合所有的评断或投射。这个过程不可能一蹴而就，过程中需要我们有意**

愿、练习与承诺，事实上，所有的关系的建立皆是如此。

在某些特殊情况下，家庭会是非常恶劣或非常暴力的，人们最好与之保持距离，而非硬要留在那个受虐的环境中。我们完全明白留在那样的环境中，分析家庭动能，并且期望一切会好转，只是徒劳。然而，在某些时候，我们为了改变之前所做的选择和随之而来的生活模式，我们需要重新检视所有的情况，好让我们的未来不会受到该事件的影响。

就我们的经验来看，重要的不是该情况的严重性，而是我们经过该情况后所做的选择。为何有些人在一个相对安逸与富裕，所谓的好家庭中长大，日后仍然会在自己所建立的家庭中挣扎？有些过去拥有绝望和贫困的童年的人，现在却有一个充满爱与成功的家庭？关键原因在于我们对发生事件的情绪反应，而不是事件的本身。

重温我们童年时的体验，也许看似与事件毫不相干，许多人告诉我们那些都是过去式，现在已没那个必要再谈论过去。但是，别忘了，就是这些体验创造我们成年后的模式。当你回顾一个令人痛苦的童年事件，并且从一个明智、成熟的成年人的角度做出另一种选择时，你就能将自己从那股动能中解放出来。同时，也解放了你的孩子，免于日后再受到这股动能的影响。**我们的另一种说法是：“拥有一个快乐的童年永远都不会太迟！”**

牺牲与放纵

许多人认为他们无法拥有自己的人生，以及一段亲密与意义非

凡的关系。如果你属于这种情况，那么就某些层面来看，**你是在牺牲**。

许多人（当然不是所有人）在童年时期就已经开始牺牲。在受虐和失调的家庭中，其核心动能是孩子借由牺牲自己，以“成全”他的家庭，他们可能会惹是生非（下意识转移父母争吵的焦点），或者成为一位品学兼优的好学生，或者变得安静与孤僻。以上这些都是牺牲的行为。**当孩子放弃自己的生活，放弃他们本然的自我时，就会试着用这些牺牲性的行为来修正家庭中的混乱**。在某种程度上，我们都是这样过来的，至少在某段时间内是如此的——我们努力成为父母心中想要的孩子，而且往往承担了许多他们本身的问题。

客户的故事

露西找我们做婚姻咨询，她的故事反映了一个普遍的问题：结婚十五年，感觉好像从来没有过自己的生活。她的时间都花在照顾两个孩子上了，并且在丈夫回家后，还得照顾他的需求。当时她心中一直有个想法：离婚，我要去追寻属于自己的生活。

我向她解释这并非一个好主意，因为早晚这个情况会再一次发生，认为自己没有个人的生活。结束这段婚姻并不能解决这个问题，如果她执意这么做的话，要么就是她再也不会进入一段亲密关系，要么就是结交新人，并且在短时间内发现自己又面临同样的问题。

在咨询的过程中我们做了一些回溯的治疗，她回到当时自己的母亲住院六个月的时间点，从那时候起，她觉得自己再也不能做一个无忧无虑的小女孩了。就在那个时候，她做了一个下意识的选择，选择放弃自己的梦想和热情，为的就是照顾她的父亲和两个兄弟。她学会一切以旁人为重，将自己的需求放在最后。现在，她就在丈夫和孩子的身上重复同样的模式。

露西明白她可以追寻自己的梦想，并且拥有一段以分享为基础的关系，而不是牺牲。因此她学会了所有关系中最大的课题：如何享受幸福的亲密关系，同时拥有个人的生活！

通常在某些情况下，我们受够了牺牲，所以我们反抗、出走或离家。随后，这就成为我们结束日后亲密关系的模式。我们让对方自觉对不起我们，直到他们已无翻身之地后，我们就有借口离开，成为一个独立的人，而且随心所欲，任性而行，我们宣称这个就是所谓的自由！然而，当我们稍后在生活中又回到一段亲密关系时，这股动能又一次发生，感觉就好像我们又回到了原生家庭。天啊！我们根本连自由的边都没沾上，我们只不过又重复与过去相同的模式。

指点迷津

还记得那种一厢情愿，渴望与家人共度一个完美圣诞节的感觉吗？你带着满满的礼物到来，决定与父母及兄弟姐妹共度一段美好和谐的时光。然而，这种感觉能持续多久？不管你的本意有多好，不管你做多少次深呼吸，很快他们就开始令你抓狂，而你羞愧地意识到你的感觉和行为像一个年仅五岁的小孩。于是你找到借口逃避，直到你将这些抛诸脑后才会有松口气的感觉。与之类似的情况，比如，当你结束一段关系后，你会感到如释重负。表面上可能是含着泪水，心灵底层却有一种释放的快感，好像在说："谢天谢地，我终于有自己的生活了！现在我自由了，前方的道路无限宽广。"

扪心自问，上一次你有这种感觉是什么时候，是在目前这段亲密关系中发生的吗？还是在上一段亲密关系中？

另一种针对牺牲所做的补偿行为是放纵。这种牺牲与放纵相伴的动能也会发生在权力斗争的关系中，而且跟厌食症与暴食症往往相伴而生有相似之处。为了让自己像时尚杂志上的模特一样美丽可爱，你开始节食，直到承受不住而失控，进而对自己所"禁止"的食物大吃特吃。随后心里产生的罪恶感让你感到难受，所以你更进一步节食。只不过，早晚你所谓的"意志力"又会变节，开始暴食，就这样进入一连串的恶性循环。

当我们觉得自己已经在牺牲时，我们就会做出一些必要的补偿。例如，假设一个女人从小就学做一个“讨人喜欢”的人，婚后为了她的家庭放弃自己的需求，从早到晚煮饭、打扫，照顾吵吵闹闹的孩子们。当她和伴侣的关系来到死亡区期时，为了保持人前“幸福美满”的家庭形象，她感到疲惫且易怒。当她的伴侣回到家后还对她发脾气、批评，丝毫不感激她的努力付出时，这也难怪她会有在半夜吃蛋糕和第二天刷卡购物的冲动。她可能会对伴侣隐瞒这一切，但是内心的压抑促使这股动能持续下去。

指点迷津

跨出牺牲与放纵相伴的处境的首要的一步是留意你是否在这个循环中。或许你的关系陷入两极化，如果一方是放纵，另一方则是牺牲。一旦你觉察到这一点，下一步就是认知你让自己陷入这个处境的原因，那就是你害怕进入生命的下一个阶段。

很自然地，当人们卡在这个陷阱中时，假设你给他们这种建议，他们就会觉得你很无情。不过，通常再多花一些时间诚实地深入探讨后，所得到的结论也会是一样的。**所以，是时候面对你的恐惧，并且下定决心往前走了**。你要做的是：你不需要知道下一步是什么，只要鼓起勇气向前走，当你敞开心胸向前跨出去时，其他的就会在前方等着你。

死亡区期陷阱三：和最亲近的人较劲，没有谁是赢家

我们处在一个认为竞争可以激励人心的社会，但如果亲密关系也如法炮制的话，很可能关系就会无疾而终。我们都会经历这个阶段，然而重点是，我们所要做的是穿越这个阶段，而不是身陷其中无法自拔。

亲密关系的目的之一是学习付出和接受，进而找到幸福与成功，幸福和成功相辅相成。

老实说，没有人想跟一个一成不变的人生活在一起。如果每天起床你看到的都是一成不变的人，很快你就没兴趣与对方生活在一起了。那我们该怎么办呢？**答案就是尽己所能地付出（但不是牺牲），因为每当我们付出给对方时，对方就会有所转变。**当我们为他们付出时，他们就会心花怒放，而我们就是那个受惠者。所以，当我们的伴侣开始走下坡路，或者看起来闷闷不乐时，这意味着你开始与他（她）竞争了，停止为他（她）付出。在潜意识层面，你很可能和他（她）在玩一个输赢的游戏，而不是一个双赢的游戏。

竞争对关系具有破坏力，因为竞争是一个基于输赢的信念，我们赢则对方输，关系是不平等的，而且竞争是出于匮乏，觉得一切似乎总是不够。我们从儿时起就有“匮乏”的感觉，当时我们学会与最亲近的家人竞争，以获得我们渴望的关注和爱。即使来到今天，如果在工作场合你有竞争的动能，那么你一定会将这样的动能带回家，与你的家人竞争。

大多数人会隐藏我们竞争的本性，不过，我们往往可以看到它对我们身边最亲近的人的影响。请牢记，即便我们在这场竞争中获胜了，如果我们的亲朋好友因此过得不是很顺利，我们其实也好不到哪里去，因为看似我们赢了，但我们仍然要以某些方式付出代价，也许是照顾他们、支付他们的生活所需，也许是收拾他们生活的残局。在这样的输赢竞争中，没有人是赢家。

指点迷津

如果你身边有人失败了，也许你会故意忽略他们，希望他们改变，或者抱怨他们。然而，与其如此，不如将焦点放在如何支持他们，你也许可以打电话、写一张卡片给他们，或者只是在心里祝福他们。当我们给出支持时，我们不仅可以协助他们，同时，我们也疗愈自己在某个层面上的竞争问题。

生命怎么可能是关于与他人的竞争呢？每个人都是独一无二的，我们永远都无法透视他人的全貌。**重点是展现自己的光芒，无论我们看起来如何，成就最好的自己，并且全力支持他人，成就最好的他们。**

死亡区期陷阱四：害怕改变，害怕向前

我们内心有一个根深蒂固的心理，那就是人都会犯错，所以我们

害怕改变，害怕迈入人生的下一步。我们一直重复“老掉牙”的行为，然而这让我们卡在死亡区，并且对伴侣不再具有吸引力，同时，我们对伴侣也不再感兴趣。

通常我们的生命历程是一个阶段接着一个阶段，不过有些时候，我们开始担心改变，害怕向前发展，于是故意让自己停滞不前，创造一个问题让自己卡住，仿佛再也没有其他问题比让自己困在死亡区安全了。

害怕未知、害怕进入难以估计的领域是很自然的。然而，问题就出在这里，因为我们相信与“真爱”在一起，从此就会幸福快乐的神话。我们总认为从此我们会幸福，不需要做任何事，只要坐享其成就行了。**但是生命与关系的运作并非如此，幸福快乐的伴侣是双方共同成长与转化的，生命唯一不变的原则就是改变，然而改变可能会让人胆怯**。

不过，**从最根本的层面来看，所有的恐惧其实都源自我们相信会失去一些东西**，而这个阶段表面上也看似如此。**事实上，我们唯一会失去的是我们的控制**。放下我们的控制所得到的回报，远比让自己卡在某个阶段来得更有价值。但是，这意味着我们要拥抱跨出舒适区后的那份不安全感。

放下控制，我们会赢得伙伴关系，这会为我们生活所有的领域带来更多的亲密关系与成功。放弃控制必然的结果就是找到相互信赖的伙伴关系。现在看看，这些代价真有那么可怕吗？难道这些不正是我们真心渴望的吗？放弃控制不仅可以让关系更亲密，获得更多世俗的成功，同时我们也开始赢回自己的心，生活中的事情对我们更有意义，我们更容易被感动，而且我们也更加关心身边的人。

在这个时候，许多人都会告诉我们："好啦！让我看看下一步是什么，这样我才要去做。"但是，事情的运作并不是这样。就算我们告诉你下一步好，你还是不会去做。你可能要想很久，甚至可能觉得下一步听起来还不错，但是，就你目前控制的程度而言，你根本就不会行动。**若要穿越死亡区，我们就要学习最可怕的课题，特别是对独立的那方而言，这个课题就是臣服。**这不是意味着我们要示弱，任人摆布，那样会变成一种牺牲。**相反地，真正的臣服是放下一味坚持的自己，放下自以为是。换言之，我们要回归到一个好学生的位置，不断地反复学习。因为当我们自以为是时，我们就什么都学不到了。**

指点迷津

若要有勇气继续前进，我们最需要的就是意愿，也就是有足够的意愿踏入下一步。这份意愿会打开我们的心，并且开启学习的过程。当我们有足够的意愿时，任何我们需要改变的东西——朋友、工作，以及任何我们需要完成的东西，都将一目了然。下一步会自然地在我们面前展开，一旦我们准备好了，下一步就会变得清晰。

想象你站在一个十字路口，其中你所面临的一个选择会带领你到一个全新的方向，另一个则和你过去一直以来所做的选择类似。

想象你再次做一个和过去类似的选择，这次它会引领你去到何方？你未来六个月、一年的生活将会如何？你是否意识到一直以来你都是卡在这样的处境中？事实上，你是否看到自己一直在绕圈子，直到你再次回到相同的十字路口？再一次做类似的、安全的选择，感觉如何呢？

现在想象你愿意跨出去朝向新的方向，这一次它会带领你去到哪儿呢？未来六个月、一年你的感觉将会如何？当你踏上未知的这一步时，你的感觉如何呢？

你现在是否愿意踏出新的一步，容许周围的事物有所转变呢？

死亡区期陷阱五：恋父恋母情结

在死亡区期的性关系中一个最大的陷阱是恋父恋母情结。这是我们早期从异性父母身上感受到的性的吸引力，但因此深感内疚。所以，将这个未解决的问题投射到了我们的伴侣身上。

弗洛伊德学派的研究主要是在于了解恋父恋母情结对我们生命产生的全面的影响。从事多年研究深层心灵工作后，心理学家恰克·史匹桑诺发现，这种情结对大多数人的生活都有极为深远的影响。这种情结源自我们童年时期。如果我们当时处在一个交流匮乏或争吵不断、没有联结的家庭，我们就会从对自己最具有吸引力的那位家人身上寻找爱或呵护。事实上，很少有人能够避免这种恋父恋母情结的影响。这个在心理学上众所周知的陷阱，通常会一直隐藏到我们的关系进入死亡区期后才浮现出来。

大多数人在表意识层面，几乎都已经忘记了这种早期从异性父母那里感受到的性吸引力，心理上却受到深刻的影响。从以下关系的表意识层面你可以看出一些端倪：

- 没有亲密关系。
- 关系沉闷无趣。
- 为小事或无故争吵。
- 三角关系（重建原生家庭的三角关系）。
- 对自己或伴侣的身体感到厌恶，尤其是在做爱的时候。
- 事业上，眼看就要成功，但是突然间功亏一篑、失去一切。随后又东山再起，然而就在即将成功之际，又一次彻底失败，而且一次又一次地重复同样的模式。

这些都是恋父恋母情结的征兆，恋父恋母情结植根于我们的潜意识。**正如在我们的原生家庭中，我们逃避任何未化解的性吸引力问题。于是现在，我们就改为拒绝我们的伴侣，并且将这些沉闷的情绪和性能量带进我们的亲密关系**。当你一想到有绝大部分的亲密关系的失败是因为这些动能时，你就更不能低估这股动能对我们每日生活的影响。

指点迷津

穿越恋父恋母情结的出路是承诺。你的伴侣不是你的父母，当我们每天时时刻刻地选择并且承诺于他们时，我们的关系就可以跨越死亡区期，进入充满活力与互惠的伙伴关系期。

你是否愿意将你目前的关系看得比过往发生的任何事情更为重要？你是否感受到承诺的力量和勇气，不管面临什么事情，仍然选择承诺，并且靠近你的伴侣，明白他们并不是你的父亲或母亲？

死亡区期有许多陷阱和穿越的方法。也许最快与最有效的方法是鼓起勇气坦诚地沟通你的想法，敢于冒情绪上的风险，真诚地分享自己。当我们处在死亡区期时，我们给出所有，除了一个人们真正想要的，那就是我们本身。我们给出我们的角色，尽我们的义务，做尽一切本分，但就是不给出真实的自己：我们的真我、我们的秘密、我们的恐惧、我们的碎片、我们对自己真实的感觉，或者只是我们的感受。

我们的故事：走出死亡区

苏珊：我们的关系第一次进入死亡区期是在我们分居两年之前，我试图摆平一切，假装一切都很好，就算看起来很明显地并非如此。破镜重圆后，我们再次进入蜜月期和权力斗争期，第二次造访死亡区期只不过是迟早的事。不过，这一次我们决心要解决它，我们承诺要完全坦诚地面对那些造成我们之间产生距离的问题。我们一起到外地露营，只有我们俩，徒步一段很长的距离，并且承诺回答对方所问的任何问题。在这个过程中，许多秘密和令人痛苦的家庭真相一一被揭开。不过，这个方法确实有效，不仅让我们更加坦诚真实，而且可以更自在地与对方相处。

我们不断地聊天，再次认识对方。我觉得我好像开启了一个全新与令人着迷的话题，神奇的是杰夫对我感到非常好奇，他非常开放，我们畅所欲言，感到一切都很轻松自在。六个月后我们全家一起到苏格兰度假，杰夫和我终于觉得我们真的又联结到一起了。当我们爬上这座美丽山丘的山顶时，我们决定把这件事告诉孩子们，而我永远忘不了他们的反应。他们欣喜若狂，又是尖叫又是抱着我们，兴高采烈地跳来跳去。

1996年，我和杰夫在孩子们（当时他们还是青少年）的见证下在一个工作坊中做了一个仪式，我们重新许下结婚誓言，并且和孩子们共同承诺要相亲相爱与照顾彼此，这真是意义非凡。我们家中墙上挂有一面贴满当天仪式照片的照片墙，而我们的朋友们看过后都说，照片中我们每个人的脸都闪闪发亮。

杰夫： 当我们的关系第一次进入死亡区期时，别人对我来说都深具吸引力，我的生活处处充满诱惑。然而，当我越来越多地受到诱惑和吸引时，我的心里就越感到内疚，我对苏珊就更加冷淡。我以为当一切开始走样，就是结束这段关系的时候，真是大错特错啊！最后我意识到，原来这一刻正是要我做出承诺：承诺于我们、承诺于苏珊，敞开心胸走向她，而不是火速地逃跑。

当我和苏珊复合后，孩子们无比地开心，不过，我们俩之间的功课才真正地开始。不管遇到任何事情彼此都绝对坦诚，这一点并不容易，事实上，这是很痛苦的。因此我们花了很长的一段时间，才做到完全地信任彼此。

过去大半的时间我从不学习亲密关系方面的知识，对一切都坚持己见，看不见自己的课题，很久之后我才领悟到当我在学习的状态时，几乎每天都有课题！我对情绪的态度完全改观了，经过多年的指责和辩驳，我拒绝了想要重新防御情绪的诱惑。在亲密关系中，我们会面临每一个破碎的心灵碎片，如果我们抵抗这个过程，我们就会受苦。经过这么多年坚持己见的日子，对我那坚不可摧的防御系统而言，改变它确实是一个艰难的课题。

我再也不标榜那个坚强又英勇的独立大男人的形象了。在面对我在亲密关系里的问题后，我才学到什么是真正的勇气和诚信。不断地学习如何全身心地爱苏珊，并将心永远地向着她才是我的成功之道。

这就是生命的基本模式。在我们有生之年，我们要虚心学习，因为有很多东西等着我们学习。**世上没有一个修炼可以比得上我们在亲密关系中的修行**。当我们致力于关系的力量，并且持续成长与学习而不是控制时，生命将再次变得刺激有趣。我们的伴侣将再次成为我们乐趣与滋养的源泉，终于，我们迈入了伙伴关系期。

第四节
伙伴关系期

伙伴关系期是我们愿意穿越心中数以千计的陷阱
所得到的回报，它跟时间无关，跟勇气有关，
而且是一次又一次地拿出勇气相信爱情。

经历炼狱后的升华

达到伙伴关系期的感觉有点像从一艘沉船游到海岸边。在经历过所有的风暴、湍流和“我们会安然度过还是命绝于此”的担忧后，此刻有的是平静和雨过天晴的踏实感。

当你和伴侣有联结交流的感觉时，你就知道你们是处于伙伴关系期，我们也称之为相互依靠期。大体上，你会意识到两人之间独立与

依赖互动的能量，而且你也看得出陷阱所在，并且知道穿越之道。你的伴侣看起来不再像你的对手、扯你后腿或幸灾乐祸的人，他们看起来不再令人失望，你们的关系再也不会因为下个激烈的争吵而摇摇欲坠。**感觉上，你们是站在同一个阵线的，平等以对。你们可以真实地表达感觉，共同面对困难的时刻**。你们知道双方的长处和弱点，感觉像没什么好担心，因为协力同心——相互依靠和平等以待——会带来成功。所以，你有信心承担更多的风险，而且每次当你这么做时，你们的伙伴关系就会更加巩固。

如果你曾经参与企业团队活动或球队，你就会知道这种相互依靠的动能是教练极力追求的方向，这样一来，企业团队或球队就敢勇于冒险，“跳出固有的模式思考”并且达到浑然忘我的“境界”。相对地，我们的亲密关系也是一样的道理。

相互依靠与相互联结

在关系中，多数人都属于依赖和独立这两种特性的组合，并且随着时间推移而有所转变。我们已经知道，这两种动能自有其平衡之道，所以，这也是你为什么试图要伴侣改变成你所认为的他们应该要有的样子，认为只有这样你才会快乐，事实上，这一点意义也没有。从我们接下来的故事中你就可以明白，一个人就能让关系改变。当一个人改变，并且在生命中继续向前时，对方也会随之向前。

我们的故事：一定要一起疗伤

苏珊：我现在知道，在我们亲密关系失调时，杰夫才是那个有勇气喊停的人。虽然他没有提出任何建设性的建议，但是他说“这样行不通”。如果不是他喊停，我可能永远都会玩同样的依赖的把戏，没胆量结束这段关系，也没勇气走出下一步。我们俩之间的关系极度地不平衡并且导致了分手的结果，这迫使我去面对婚姻再次失败的感觉。然而，一旦我不再坚持男人都是“不忠的浑蛋”的看法后，我意识到原来关系一团糟也是我搞出来的。唯有如此，真正的伙伴关系才有可能在未来实现。

杰夫：当苏珊放下对我的依赖后，我突然感觉到，即使我远在六千多公里外，我似乎也不再是那个独立的大男人了。我不能再封闭我的感觉了。她虽然之前用尽方法不止一次地要求我改变，但都失败了。只有当她自己本身改变后，我才真的发生改变。实际上，我是被迫改变的。多年来被我封闭许久的感觉一次接着一次袭来，我意识到，过去一直以来她在情绪上是多么勇敢与坚强，竟然替我“背负”了那么多的情绪。然而，放下这一切是她能给予我的一份最好的礼物，因为，最终，这让我找回了自己。这个事件是我生命中最有影响力的体验之一。

当类似这样的事件发生在你身上时，你对世界的看法必然会有全新的改观。在当今的科学领域中，我们倾向于寻找事物的合理证据——我们要的证据是有形的证据，甚至要有实物。大部分时候，我们并不重视肉眼看不见的无形的力量，然而，**关系就是一种能量的交流，不管对方是否真的在你身边，你们的能量仍然是彼此相互影响的**。

我们在工作坊中，在学员的身上一次又一次地见证到这种能量的交流。学员们经常会提到，当他们在内心做出重大的转变时，他们的伴侣或其他的亲密的家人也会发生很大的转变。当我们疗愈时，和我们在一起的人也在共同地疗愈。

客户的故事

当珍娜不再需要她母亲为挑剔她的行为而道歉，反而为自己对抗母亲的行为向母亲道歉时，她很惊讶她的母亲愿意承认自己的匮乏。马丁放下对他的部门主管需要改变的期望后，突然间他的主管竟然寻求他关于如何使产品现代化的意见。莎拉永远都要为丈夫的酗酒行为善后，当她迈出自己的生命的下一步——为自己找一份工作时，丈夫也开始寻求协助，并且加入了匿名的戒酒互助会。

我们绝对不是在独自疗愈的，因为我们和周围的人都有不可分割的联系。在研讨会中，我们经常被问道：“我怎么知道我改变了呢？”然而，简短的答案就是另一个问题。当你回到生活中，你身边的亲人是否变得不一样？他们是否已经改变？如果答案是“是的”，那这表示你已经改变，如果答案是“没有”，那这表示你还有功课要继续努力。

客户的故事

珍妮在伦敦参加两天的研讨会，当天她被迫面对许多议题，第一天结束后她悻悻地离开了。怀着这股怒气的她回到家后看到伴侣留下的字条，说他要到北英格兰拜访他的家人，而感到越发愤怒。到了第二天，她的怒气在研讨会中爆发，哀怨地抱怨她的丈夫一时兴起的举动。

我们向她解释这是可以理解的，就她的状况而言，他正在采取自我保护的措施，因为很明显，她一直想找人吵架。在那个早上，我们探索她愤怒的根源，并且和她的丈夫做了一个承诺的练习。后来她写信告诉我，当天她很开心地回家，并且发现丈夫在家里欢迎她回来，他们的关系进入一个全新的伙伴关系期。很明显，她的丈夫也调到和她相同的步调，并且做出了相对的回应。

我们并不要求你全盘相信我们说的话，你可以自己先去尝试一下。

指点迷津

想一件目前在你的家庭生活或关系中令你困扰的事情，也可以是你担心或沮丧的事情。你可以改变自己哪些方面，而不是试图改变对方或改变该情况？你可以改变自己哪些态度或期望？在你的生命中你可以采取什么样的下一步，好让这股动能的压力消失？

当你承诺改变并且身体力行地去做时，不求任何回报，只是留意身边的人有何转变。当你做对了，结果会马上出现，你将会得到各式各样的即时的反馈。

爱可以至死不渝

稳固的伙伴关系可以持续一生，但这只有在双方都愿意接受改变时——真正内心的改变，不是表面的改变——才会发生。生命在不停地演化，因此幸福的佳偶也需要不断地进化。没有人会想要和一个结婚三十年都一成不变的人在一起，让彼此相互吸引的原因是共同的成长与发展。唯有这样，你们才能成为真正的终身伴侣。

记住，亲密关系的目的是要学习付出与接受爱。当我们对伴侣付出时，他们的成长可能会让我们为之惊讶。当我们停止对伴侣付出时，我们的伴侣似乎就会停止成长与改变。我们的付出是关系的融洽之道，如果我们想要一位百分之百的伴侣，在这之前，我们先要通过更多地付出，让自己成为一位百分之百的伴侣。**这其中需要诚实、勇气、决心、意愿和承诺，这不是一条容易的路径。**不过，当我们一起穿越层层旧有的潜意识模式时，我们的回报是再一次回到和谐，进入另一个短暂的蜜月期。伙伴关系期有别于以往的任何一个阶段在于：就算在亲密关系中再次出现新问题，这时你们也不会再借机嘲讽或责备对方，而是已经知道你们是站在同一阵线的队友了。

当其中一位伴侣遇到一个他们无法穿越的问题，或者当其中一位伴侣在个人发展上，无法跟随对方的进展而使关系结束时，双方往往会和平分手，因为他们意识到只是双方成长的步调无法一致，但不管是做伴侣或朋友，爱仍然可以持续一生。

事情就是这么简单不是吗？当然，爱情绝不像我们信以为真的童话故事所讲的那么简单。但是，一旦我们穿越亲密关系的阶段，我们会拥有一位真实的伴侣、真实的朋友、终身的搭档。**以上这些是我们愿意穿越心中数以千计的陷阱所得到的回报，这些转变跟时间无关，跟勇气有关。**有勇气承认自己过去所坚持的看法是错的，有勇气与对方进入真正的亲密关系，有勇气放弃战场，一次又一次地相信爱情。

我们的故事：放慢脚步

苏珊： 自从与杰夫破镜重圆，这二十年中，我们一步步地缓慢地迈入了伙伴关系期，我更加欣赏和感激他，我们之间更为平等，关系更加亲密、真实。我们以“人与人心理学”训练师的身份一起工作，这给我们的事业带来许多不同的元素。有时候我会问自己，这一切究竟是怎么发生的？现在我们竟然一起出国，去到一些神奇的地方，协助向我们寻求心理援助的人改善他们的关系。以前几乎不敢想的幸福美梦，竟然成真，而且我们的孩子终于可以见证与庆祝我们这段亲密关系的成长。有些时候，我们的关系仍然有不平等和不确定的地方，独立和依赖的问题也是我们要面对的。然而，也许因为我们所从事的工作有助于我们实践所学，将伙伴期的原则落实在生活中，正所谓“你教的正是你最需要学习的课题”。

杰夫： 一开始，我与苏珊共同合作带领研讨会对我来说，是个挑战。毕竟，一直以来，我都习惯了独自带领研讨会。然而，我必须有意识地选择接纳她，并且学习所有男人都要学习的课题：“放慢脚步，以求同步！”这一过程中遇到的每一个情况都充满机会，让我们可以从对方身上学到东西。这一切之所以很平顺是因为在研讨会之前，我们愿意让彼此的心灵尽可能地紧密相连，拒绝坚持自己的偏见，还有最重要的是：倾听！

现在，每当我与苏珊一起合作时，我总是从心底佩服她，我知道她在我们的关系和工作上所做的贡献，她加入后所带来的一切远远超过我们两人各自努力的总和。

第三章

外遇和你
不知道的秘密

有人说，真正的恋爱要等到结婚以后才能遇到。因为，婚前的恋爱，掺杂着众多的调料，有性，有占有、服从、稳定、安全，等等。你以为那是爱，其实可能是为了性的一个借口，为了安全的一个需要，为了占有的一场骗局，为了稳定的一种结构。只有你这些需要都得到满足时，你才会真正开始想起，爱本身是种什么感觉。

真的是这样吗？

第一节
为什么会有外遇

出轨者语录：“结婚就是用失去热情来换取安稳，
过了三年丈夫只会把妻子当成冰箱一样对待。
打开就有吃的，坏了也不去维修。”

外遇不单是一个人的错

许多人认为外遇会破坏亲密关系，然而，挤牙膏的习惯不同也可能会导致离婚。破坏亲密关系的因素有很多，但是，我们对外遇似乎更加在意。我们相信“爱能穿越一切问题”，亲密关系经得起任何考验，即使是外遇。

外遇最常见的环境，是亲密关系处在依赖与独立这种两极化的动态中。可想而知，当一位伴侣变得很依赖时，不管他（她）外表看起来如何，都会变得没有吸引力。依赖型伴侣大多背负许多烦恼的问题，并且感受到过多杂乱的情绪。他们开始尝试向伴侣索取，用自己的情绪作为诱饵，他们不去面对和处理更深层的情绪，反而利用他们的伴侣作为挡箭牌，让自己好过一点，可惜这一招是永远不会有效的。

伴侣之间，其中一位伴侣的依赖程度，就等同于另一位伴侣的独立程度。因此，当那位独立的伴侣看着对方时，他们看到的不是他们的伴侣，而是他们最恐怖的梦魇，也就是他们死都不想成为的那一种人。当你以这种角度来看时，这也难怪他们都忍不住要往外跑。正是因为如此，独立的伴侣就转移方向，开始到处寻找，进而抵挡不住诱惑。多数人认为诱惑的目的本来就是要迷惑人心，而当我们真的被迷上时，外遇就开始了。于是，我们跌入这陷阱，心生罪恶感，也与伴侣的距离越来越远。

我们的故事：插曲

杰夫：即使我们结婚后，我从不认为自己是一个全职的丈夫，很快我又恢复那种在外面风流的生活。通常我会在家待几个月，然后就回到船上和游艇上工作数月。针对这一切安排，我给出的理由是，我热爱独立的生活。实际上，我完全切断了我的感觉，并且害怕真正的承诺。

回顾过去，我简直就是活在“我不需要任何人”的谎言中，我无法开口请求别人协助，总是将身边的人推开，而我也开始用这种方式对待苏珊。当我这个超级独立的人看到她时，我看到的是一个依赖、唠叨、没有吸引力、只会索取的人，而这正是我最糟糕的梦魇，难怪外面的野草看起来永远比家中的青草还要翠绿。

苏珊：当我们婚姻进入了第五年，孩子们陆续来报到时，我开始怀疑杰夫有外遇。不过，我并不是真的想知道内幕，让这种不清不楚的状态继续，正合我意。因为我很享受他出海工作时自己在家当老大的感觉，我手上有婚戒，而且又有钱进账。虽然一部分时间我在独立经营自己的教育出版事业，但是，在感情上，我是一个典型的依赖型女人，这种情况一旦杰夫回家就会马上显现。我会陷入得到他的认可的渴望中，一辈子只想得到他的认可。如果他愿意认可我，通过“我认为”他应该爱我的方式来爱我，我就会觉得自己更有吸引力，更加妩媚迷人。

一开始我看到他总是很高兴，但过不久我们就会开始争执，直到他再次出海我才会松一口气，我们又可以借此机会来逃避我们两人之间独立与依赖的两极化的问题。

当提到外遇时，我们的第一个反应就是责怪那位在外拈花惹草的家伙。这么多年来，从实际的夫妻咨询过程中，我们得到不少经验。首先，外遇之所以会发生，是因为有人在找寻他们婚姻中缺少的东西。

我们以某个人在婚姻中感觉不到被爱、被呵护、被理解为例（记住，每个人的行为反应都是源自他们的感受）。之后，他们在另一个人身上发现这些他们渴望的关爱，于是被吸引，然后一步一步地掉入这个陷阱。**现在请牢记，每段关系都是相互平衡的，外遇基本上都是关于索取的；看到外在有一些你渴望的特质，于是就开始索取。**然而，依赖型的那位伴侣也正在做同样的事情，试图从他们的伴侣身上索取一些类似的特质，因而让自己变得依赖，成为一个依赖型的伴侣，并坚信从对方身上可以得到他们想要的东西。在这种情况下，独立型的伴侣就会向外发展，被那些他们所依赖的伴侣吸引，渴望从所依赖的人身上得到某些特质，例如，理解与呵护。**由于独立型伴侣不认为自己拥有伴侣一直渴望从他们身上索取的那些特质，所以他们觉得自己像个失败者。**而独立者又不喜欢失败的感觉，所以，他们会把时间花在哪里呢？肯定不是花在让他们体验失败感的另一半身上吧！

苏珊：我终于对我的猜疑采取了行动，知道了杰夫外遇的所有真相。那时，我真的感到很羞辱与愤怒。不过，当我开始明白我对我们的关系也要负相同的责任时，我才愿意承认其实我和杰夫一样不忠诚，只是不忠诚的领域不同而已。我用婚姻做靠山，表现出我是一个了不起的妻子和母亲，照顾整个家庭和小孩，然而这幅完美的图画其实都是假的。事实上，如果我们的关系真的那么亲密的话，绝对不可能有人可以乘虚而入。

最诱惑的地方最危险

从某个层面来看，外遇是三个人之间的共谋。在这里，事情变得很复杂，然而外遇就是如此。这看起来让人难以置信，所以，让我们慢慢地详加说明。

事实上，主要关系的伴侣（我们称他们为杰克和吉儿）即将进入亲密关系的下一步，这个下一步所面向的是一份全新的礼物、全新的能量、全新的亲密层次。然而，杰克和吉儿两人对这个全新的下一步都有相同的恐惧，不管表面上他们看起来如何。通常其中一位伴侣，我们拿杰克来说好了，就会变得更依赖与黏人，另一位伴侣吉儿则会变得更独立，进而对第三者（我们称他为约翰）动心。

这种诱惑似乎是关于第三者在身体上或是更为罕见的在精神上的某些特质，不过，这只是表面而已。真正吸引被诱惑者（吉儿）的是，她认为内在某个情感上的“洞”被填满了，如果第三者（约翰）很年轻，那么，这个情感上的需求很可能是再次感觉到生命力；如果吸引你的是一份雄心大志的工作，那么这其中的情感需求很可能是冒险……诱惑就这样发生，并继续着。

我们要了解一个关键原则，那就是这三个人的行为基本上都是索

取的。杰克，身为依赖型伴侣，试图从吉儿身上索取的特质，不管是冒险的性格还是旺盛的生命力，都和吉儿想从约翰身上索取的特质相同。就算表面上他以上百种不同的方式对吉儿付出，底层中他所隐藏的动机仍然是要吉儿满足他的需求。吉儿则在约翰身上看到了她的需求可以被满足，即使她的表意识并不知道自己到底受到了什么诱惑。事实上，就算外遇被发现后，主要关系中的依赖型伴侣表现得好像受到了最大的伤害。然而，伴侣之间的索取的能量是相当的。同样，这三者都害怕迈入他们各自的主要关系的下一步。

那约翰呢？假设约翰也有伴侣，那么他和伴侣也是在玩同样的把戏，同样都有害怕下一步的动能。假设约翰刚准备好要开始一段关系就爱上吉儿，这位只有百分之八十（差那么一点）的对象，于是三人就卷入了这个陷阱。不过，这也是三人想要的情况，因为他们都害怕自己的下一步。如果这时约翰可以意识到，虽然这位已婚的新恋人完全符合他想要的特质，而他可以只是觉察自己对这位对象有所感觉，但不要付诸行动，那么，通常在几周之后，他的那位百分之百的对象就会出现，并且具有那位百分之八十的对象所拥有的一切特质，而且还是单身且没有交往对象。

杰克和吉儿下意识地都在找寻相同的特质、相同的礼物，却是从别人身上寻找，而没有意识到自己内在都有他们正在寻找的特质。**为了要找到某件东西，首先你一定要知道那是什么，如果你知道那是什么，这意味着你早已拥有了它，就算它只是潜在性的**。如果杰克和吉儿都将能量投注在他们的关系上，那么这份特质会在他们其中一方或双方的身上浮现出来，随后他们可以互相给予和分享，从而让他们的关系达到一个全新的层面。

另一个例子，一个男人也许会被第三者身体上的特质吸引，譬如丰乳肥臀。记住，这个不是关于外表的形式，而是他需要的能量，他认为丰乳肥臀可以满足他的需求。以这个为例，我们不难想象，他是在寻找一种被滋养或被了解的感觉。虽然，他停留在观察第三者（即便是欣赏她的特质），但是他仍然将能量投放在目前的关系上，随后在某些时刻，他想要被滋养和被理解的感觉就会在这段关系中呈现。因为他所展现的被滋养与被理解的能量，随后他的伴侣就会收到，并且给予回应。这就是人际关系的目的——付出和接受。**任何匮乏的解决之道，永远都是给出你认为你没有的东西，而我们付出什么就会得到什么。**

所有的外遇都会带来后果。心中产生的罪恶感和这秘密见不得人的程度就足以保证三角关系永远不会真正地幸福。有些时候，罪恶感强烈到那位不忠的伴侣会留下蛛丝马迹，以至被抓个正着。现在你有一个选择：你是愿意为此负起责任，并且开始疗愈、学习、化解这股动能呢，还是你要利用这个作为报复的手段，陷入一场争斗，然后将这个模式带入下一段关系呢?

有时候有些夫妻的确需要下一些猛药（例如，外遇），才能走出死亡区期。打个比方，假设有一个女人与“石墙”杰克逊将军结婚。

“石墙”杰克逊原名为托马斯·杰克逊，是美国南北战争的指挥官之一，他绝不退让、顽强抵抗、不动如山，因攻下北军所占领的马修山而赢得“石墙”的美名。然而，在一段长期的关系中，现状已来到死亡区期，假设该男子依旧停留在逻辑与分析的位置，就像在战争中的表现一样完全不动如山，没有任何情绪反应，实际上，有一大部分的他就好像已经死了。

这时，这位女人有一个选择，选择和他一起死去，或者试着为这段关系注入一些生命力。她可能用尽一切方法，对他示好、大叫、哀求或强迫，只是为了得到一些有感觉的响应。最终一切努力都是枉然，所以当她竭尽所能地要唤醒她的伴侣时，她就开始搞外遇，并且确定她的伴侣会发现。现在他终于有些反应，而且关系又有一些“活力”了，于是，这位亲爱的“石墙”先生长久以来深埋的东西也被迫浮上水面。同样，这次就换“石墙”先生要做选择了。我们可以选择从这个事件中学习，同时感激他们将我们唤醒，或者责怪我们的伴侣，并且聘请收费昂贵的律师。

沉溺于性爱的注意事项：

性是所有瘾头中最普遍且最具影响力的一个，因为一般来说，它从我们年轻时就开始了。当我们年轻时，我们很快地就发现，只要我们难受时，我们就可以通过某些形式的性行为来纾解那些不好的感觉。今日，随处可见的情色刊物、随时可看的情色网站泛滥，我们比过去更容易陷入这个陷阱。

沉溺于性有许多坏处，其中最严重的就是物化。感觉很快抽离，而为了从性爱中得到任何感觉，我们会变得越来越极端，因而更加深了物化的程度，进而陷入恶性循环。若要打破这种瘾头，我们需要处理底层难受的感觉，回归初衷地与我们的伴侣做爱，而不是利用性爱来隐藏我们深层的感受，或者逃避我们目前亲密关系中的沉闷。

指点迷津

如果你有外遇（或外遇不断），或者你目前正在抵抗诱惑，那么你的挑战就是搞清楚你想要从中得到什么，或者你认为你可以从这种暗通款曲的关系中得到什么。这个人是在哪方面满足了你的需要，而你的伴侣没有呢？他们有什么特质如此吸引你？从这方面你可以得知在你们的关系中究竟缺少什么，以及你需要什么才够有勇气与你的伴侣告白。只有当我们逃避两人关系上的问题时，外遇才会发生，然而逃避永远都不是解决问题的办法。

三角关系与两难

有时候，当在外遇关系中日渐生情时，你可能会发现自己处在两难的情况，周旋在两位伴侣之间，不知道自己到底想和哪一位在一起。当你和其中一位在一起时，心里就会开始畅想如果和另一位在一起会怎样，反之亦然。你开始被困在这个三角关系中，进退两难。尽管你很聪明，但你每天都要花好几小时试图想出一个两全其美的方案，甚至你已列出利弊清单，也仍然无法担保此举一定行得通。

其实这就是两难的目的：设下一个没有答案的情况，然后花几年的时间试图去搞清楚。就算你真的做出选择，有一部分的你一定会想，假设我选择另一方，那结果又会如何？**所以，即使你做出选择，你的心仍然是分裂的，因此“真爱”与“承诺”是不可能真正出现的。**

当然，那些自认为聪明但陷入两难情况的人，难以理解自己的两难处境，想不出办法解决当下的问题，这是因为这个问题不是靠大脑可以解决的，而是要通过改变内心的信念来解决。而你要明白的是，**将你困住的不是别人而是你自己**。当你处在这种困境时，你的生活只会停滞不前。要打破困局的方法是认知这只是一个陷阱，并且鼓起勇气往人生的下一步前进，这样一来问题的答案自然会显现。

任何三角关系都反映了我们小时候与父母之间的最初的三角关系。这股动能会伴随我们大部分的人生，然而最重要的是，我们要意识到这股动能可能会带来的陷阱。一旦我们开始有外遇，我们就会因此感到内疚，进而与我们的伴侣保持距离。

指点迷津

对每个人来说，我们人生的下一步都不尽相同，这取决于我们人生的路径和时间点。现在你的下一步也许是珍惜自己，让关系更平等，多分享，多听他人的忠告，寻求协助，停止忙碌，戒除瘾头，对某事或某人许下承诺，宽恕自己……对地球上的人类而言，这份清单是多样且无穷无尽的。

搞外遇不太可能是解决之道，反而是一种干扰，让你原地踏步，无法让亲密关系进入更美妙的阶段。

随时将你的能量与思绪投注在你们的关系上。即使你的大脑告诉你要逃跑，你仍然要坚持下去，要鼓起勇气转身面对你该面对的一切。**坦白诚实地沟通，并且专一地选择你的伴侣，因为当你沉浸在爱中时，你会每天都想与对方共结连理。**

第二节

各个阶段的性关系

每当我们有罪恶感时，我们就会退缩，
当我们退缩时，第一个受到冲击的就是我们的性能量。

性关系和关系一样分几个阶段，理想的情况是，对每一个阶段都不要有任何评断，也不要在其中任何一个阶段“扎营”太久，除非是最后一个阶段——伙伴关系期。

蜜月期的性爱：一切正能量的释放

浪漫的蜜月期，刚开始的性能量就像“糖果店里的孩子”。多年来一直被告知不可以、不能、忍住等，突然间我们可以随心所欲了。当我们尝到性爱的甜头后，世界似乎变得非常美妙。整天黏着对方，而且只要一想到，整个周末一起做过的那些甜蜜的事，我们多么希望可以永远停留在这个阶段。然而，这感觉就像蜜月期本身一样，火花熄灭只是时间早晚的问题。

蜜月期过后，我们发展到一种广泛型性爱。性爱变成一种目标，对方是谁并不重要。有很多人至今仍然停留在这个阶段，因为基本上这个阶段只是在满足我们的需求。我们做爱只是出于对性的需求，不是因为对方是谁。在这个阶段，我们将伴侣视为满足我们性需求的目标，而不是感受与对方结合和互动的那份体验。最近，我们在亚洲开始举办工作坊，我们经常听到一些伴侣在做爱前，没有拥抱、接吻等互动，他们就直接做了！

对一段真实、有爱、行得通的亲密关系来说，我们一定要进入下一个阶段，那就是我们是因为这个人而做爱。之后再下一个阶段是，我们与对方做爱是基于对方的本质（灵魂），实际上，这也是我们的本质。这样一来，性爱就会成为一种至高无上的神圣体验。

重点是，亲密关系千万不要只建立在性爱的欢愉之上，古语有云："寻求欢愉之时必会发现痛苦。"不过，拥有和享受性爱，很自然地你就会感到快乐。事实上，当我们在性生活方面平衡时，我们会得到许多其他方面的好处。**当你绽放性能量后，你会得到一种说不出来的动力，让你对生活充满热情，并且更勇于追求自己的梦想。**更为常见的是你那双闪闪发亮的眼睛，以及挂在脸上满足而喜悦的笑容，这一切正能量都与性能量有关。当性能量释放时，它就能成为驱动我们生活向前的能量，它带给我们“胆量”去面对挑战，专心致志地解决问题，不轻易半途而废。**更可贵的是，通过亲密的性关系，让我们感到被爱与被珍惜**。同时通过做爱，我们可以更深刻地体验到分享、感激、宽厚、温柔和慈悲等感觉。在亲密的性爱交融中，我们将会成为不折不扣的勇士。

权力斗争期的性爱：没有硝烟的战场

在权力斗争期，性爱一不小心就会成为战场的一部分。其中一位伴侣很可能表现出依赖的一面，对性有需求，感受到许多情绪。同时，另一位伴侣则表现出独立的一面，生活上充满其他诱惑，并且时刻想抽身离去。如果这种两极化的情况过多，那么亲密关系就会岌岌可危。这时，我们其中一方就要有所为，以连接彼此的差异。

我们发现，通常一个在各方面都很独立的人，他（她）在性方面可能是依赖的一方。如果你是那种故意利用性来控制你那位独立型伴侣的女人（或男人），那么，为了你们的亲密关系着想，你最好别再用这一招了。当你想攻击你的伴侣时，性绝对是一个很好的武器。不过，这样你就会失去一个与对方建立真实沟通和伙伴关系的机会。其中一方也许很努力地尝试沟通，然而当成效不佳时，通常这一方很可能会在性方面抽离，因为他认为这是他仅剩的一张王牌。但是，性很可能也可以刺激改变，并且是引起对方注意的一种方式。

通常，男人比较容易通过性感受到爱，而女人比较容易通过浪漫、被重视和被呵护的行动感受到爱。这种差异如果存在的话，很可能也会造成亲密关系的两极化。

苏珊： 在我们尚未分手前，我们躺在床上，我知道他想做爱时，我会用这个伎俩，让他不停地说话。最后，我既感受到他的注意，也挑起他的性欲时，我还会问一大堆的问题。即使他很不耐烦，我还是继续闲聊一天的琐事。这就是一种控制的形式，因为我终于得到渴望已久的沟通机会，这几乎是权力斗争期做爱前的先决条件。当然，我的不当操控让我们的性生活失去了自发性和乐趣，并且一步步地将我们推向死亡区期。

在权力斗争期，另一个有关性方面的险境是两极化。通常，当我们的关系两极化到某一个点时，其中一位伴侣在性能量方面会过于夸张。这位伴侣整天都会不停地想着性和讨论性，或者表现出需求不满的样子。他们寻求生活中其他方面的乐趣，例如美食和美酒，最后，这种对享乐的欲望变成一种迷恋。而在性能量上，他们看起来就更像饥不择食的样子，对于任何异性的反应都是一触即发。

为了平衡这位伴侣，另一位伴侣就会变得一本正经。他（她）可能过着像修道士（修女）般的生活，甚至好几年在意识上都不会想到性。如果他们太过极端，这位正经的伴侣对任何事物都不会感到愉悦，甚至是壮美的日出之景。有时候，这位伴侣会追求更高层面的感受，变得非常“灵性”，并且假装自己已经超越这些最基本的需求，例如性爱。

在某些情况下，有些人在自己个人的生活上会出现这样两种倾向。他们也许在前二十年是处在极为夸张的位置，然而在一夕之间出现 180° 大转变，完全放弃性，过着禁欲的生活，通常这些人大都是单身！

由于所有的关系都是相互平衡的，所以，只要其中一位伴侣就可以调整这种不平衡，让关系回到中心点，让性再次成为一种天性、一种疗愈的力量，以及最终成为一种超体验。其中的关键就在于觉察关系中的失衡，同时避免指责或抗争。当你们真的回到中心点时，你会感知到的，因为很快你的伴侣就会在此与你会合，然后你们就可以开始庆祝并享受这一切。

在通往幸福的道路上，我们要面对和穿越所有的评断，直到我们达到接受并平静地看待一切的境界。你们也许已经经历过权力斗争期间我们所谓的“心魔”，当时我们的伴侣突然间变成我们在性方面最可怕的梦魇。也许他会让你想起性变态，或是他似乎变得无趣。然而，事实上这些是我们本身内心中黑暗的一面，是我们批判自己并且压抑许久的部分，它们借由我们的伴侣呈现出来，好让我们有机会得以疗愈。

“心魔”的另一个可能性，是其中一方开始相信他们在某方面是

有害的。所以，他们会觉得太靠近伴侣会给其造成伤害。大多数情况下，这是一种在潜意识中的隐藏的信念，不过，只要一方有这种信念，结果就会让双方在性方面，或在其他亲密的时间中，无法全心全意地付出自己。

客户的故事

布莱特和伊丽莎白很明显在恋爱，他们像一对完美的恋人，所有认识他们的人都有同感。我在加拿大的一个研讨会上遇到他们，他们再次点燃了人们相信自己也可以找到真爱的信心。

一年后，当我再次回到加拿大时，他们正处在分手的痛苦中。当时我感到很惊讶。不过，我很高兴伊丽莎白针对当时的情况向我寻求了一对一的咨询和指引。在表意识层面，她很心痛，并且完全不理解到底发生了什么事。在我们一对一的交流中，我们发现她有一个认为自己有害的信念。这个信念始于年幼时期，当时她母亲生病了，她认为这是她的错：她身上一定有某种有害的物质，造成母亲生病，因此她会毒害身边亲近的人。

她将这个信念压抑，并且下意识地推开她的伴侣，并不是因为她不爱他，而是因为她认为她会以某种形式伤害他。当她有这份洞见后，她改变了她的信念，很快地，她和伴侣又回到了全新的蜜月期。

处理这个问题时，觉察力很重要，要随时留意动能开始的时刻，另外，与伴侣沟通你的感觉和需要也很关键。再次说明，这时是拉近你与伴侣的距离的最佳时机。不要设定两极化的界限，并且要意识到，在性议题上的争吵对亲密关系永远没有任何好处。

指点迷津

首先，约一个时间，两人坐下来好好谈谈，并且在这段沟通的时间里，记住，保持一个不责怪、没有对错的态度是上上之策。请牢记，任何指责、任何“你”的字眼，都不建议使用，因为这很容易引发互相责怪，争吵只是早晚的问题。在这个沟通中，说出你的个人体验，什么对你行得通，什么对你行不通。你可以沟通你的需要，但不要对对方要照顾你的需要抱有任何期望。说出你的感受，并且对这些感受负责任，这意味着你知道这些感受在你遇到伴侣之前就早已存在。运用这种沟通方式来清除你和伴侣之间的障碍，并且将之视为一种结合，拉近你们之间的距离。如果沟通顺利，你们的结合将是包含精神、情绪和身体这三个层面的结合。

当你善于沟通时，你就等于掌握了任何重大改变的第一步，因为沟通是改变不可或缺的因素。人们常说他们的伴侣对他们不够坦白、有所保留，然而不管伴侣怎样，你其实也半斤八两。你一定要克服心中的念头，例如，“我不能坦白，因为这样我会受到攻击”，“如果我让步，你就会得寸进尺”，“只有你先让步我才让步”。这些都是不良的沟通策略，并且会让权力斗争延续。当你鼓起勇气毫无保留地说出自己的感受和自己发生了什么事，并且为自己的行为负全责时，你的伴侣是会认真倾听的。有时，说到某个点时，对方也会说“我也是”，并且沟通他们的感觉。我们要认知在任何争吵中，双方的感觉事实上都是相同的。然而，你们将这些难受的感觉丢来丢去，结果就造成了权力斗争。

性是关于沟通的。性，最妙之处在于它是一条真正的疗愈，甚至是开悟的路径。与之相反，性最坏之处则是关于权力和滥用的。花一些时间问问自己：上一次你做爱时，你沟通出来的信息是什么？

死亡区期的性爱：分不清是在爱中，还是在做爱中

死亡区期，顾名思义就是火花不再的阶段。通常当我们刚刚进入死亡区期时，我们会觉得，我们要尝试更多的性爱。在死亡区期时，我们的感受能力已经大不如前，所以我们就变得古怪，一切只为了要“有感觉”。我们通过各种方式来增添情趣，然而不用说也知道，即使这些都用尽了也使不上力，感觉已逝只能追忆。我们做爱只是因为我们觉得这是“尽义务”，又或者是因为角色，我们为做而做。

在我们的个案咨询案例中，我们常常遇到一些抱怨在亲密关系中

缺乏性生活的人（通常是男人）。而我们问他们的第一个问题是："为什么你不想要性爱呢？"他们通常会以为我们没有听见他们的投诉，所以就更大声地重复他们的抱怨。不过，我们仍然会问他们同样的问题，直到他们开始反思这个问题。随后，无一例外地，他们下意识都会想起一个年轻时期的事件，当时他们做出了一个放弃性爱的选择，由于他们对曾经所做的某些事情感到内疚，从而对性就产生了某种程度上的羞愧感或罪恶感。

客户的故事

迈克有一堆悲惨的情史，而且都与性的问题有关。他有一种很明显的激情火辣的关系模式。不过，随后他会开始退缩，最后"关机"。我们通过故意问含糊的问题绕过他的意识层面，进入他的直觉，通过这种直觉法连接起潜意识和无意识的心灵层面。随后，我们会要求参与者倾听他们的直觉而不是他们的记忆，然后由从直觉所得到的答案，带领我们回到过去的事件。

这个方法让我们找到了迈克性罪恶感起源的事件。当时他还是一个小男孩，他的妈妈在厨房做饭时，他在地板上爬来爬去。有一刻，他爬到妈妈的裙子下面。他的妈妈由于本身有对性的罪恶感，因此对他的举动做出很强烈的反应。这个事件带给他的罪恶感和由此产生的信念，足以扰乱、破坏他成人后的亲密关系。

然而，当他清除这个罪恶感和信念，并且意识到他无须为此感到内疚后，他便能开始享受全新、深厚、充满爱的关系了。

就这整件事情来看，与这个事件对他往后人生所造成的伤害相比起来，这个童年的记忆似乎只是小事一件。**从我们的经验得知，负面模式往往不是来自那个创伤，而是来自当时我们做的一个选择。**童年时期我们下意识做的那些关于自己、家庭和世界的选择，就成为我们生活上的后台程序，不知不觉地就会影响我们的行为。

指点迷津

我们都有这些罪恶感的秘密，它们正在寻求宽恕。基本上，当时我们年纪都非常小，并且开始尝试体验生活，以我们当时的作为绝对不到要被处罚的地步。所以，我们通常只需要回到这些时间点，然后做出新的选择，这样会消除因为罪恶感所造成的隔离。

我们知道这听起来似乎很奇怪，但这正是个好时机，应用我们的冰山模式来改变我们的过去。我们的过去是我们心中的一个故事，我们可以回溯过去，运用这个模式转换我们之前所选择的看事情的角度，而这个新视野可以改变我们之前的信念，进而改变我们的感觉和行为，特别是罪恶感。因为罪恶感是用来召唤我们改正与汲取教训的，而不是用来惩罚我们的。

每当我们产生罪恶感时，我们就会退缩，当我们退缩时，第一个受到冲击的就是我们的性能量。我们很可能过着“人在心不在”的性生活，做爱时脑中不停地想着有关花园、购物、新工作等事情。

我们也经常听到人们说他们有过美妙的性生活，直到结了婚（哦！婚姻，真是一个最好的挡箭牌）结为夫妻后，性生活就枯竭了。这样的情况，通常发生在四十岁之前生活过于杂乱的人身上，不知何故，性生活突然就停止了。**这常常是因为内疚而产生退缩，就算偶尔有性爱，但感觉起来更像一种牺牲的行为——一种义务或角色的要求**。觉得性爱是一种负担而不是享受，几乎很少有满足感，且让两人的距离更远。在这种状况下，双方需要好好地沟通，坦然以对，诚实地表达自己的感受。

指点迷津

当我们在协助想恢复或重新平衡性生活的伴侣时，我们通常会建议他们做以下的练习。一周之内，其中的一位伴侣完全遵照对方的意愿行事，有求必应，完全将自己交给对方，臣服于他们。然后，在下个星期，进行角色互换。这是一个很好的方法让你了解你的伴侣，同时也学习面对并穿越你的评断。

不用说，这个练习是给那些相互信任、亲密关系长久且发现自己已经陷在死亡区期的伴侣的。冒险可以让你走出死亡区期，在这个例子中，你是冒着情绪上的风险，通过性爱来进行表达的。

伴侣之所以会进入死亡区期，是因为两人之间拉大的距离。这个方法可以缩短彼此的距离，是借由臣服和意识到你们的关系比你的防卫更为重要来完成的。这个练习是关于沟通与了解的，而不是操控或滥用的练习。

如果你对于伴侣的行为有些害怕，那么在这个练习之前，你们要先解决一些基本的问题，或者在开始之前和伴侣沟通一下你的顾虑。

伙伴关系期的性关系：生命力的表达

常有言道："女人因爱而性，男人因性而爱。"我们相信这是真的。就我们的经验来看，一般来说，男人比较倾向于通过性爱来感觉被爱；反过来，女人当她们被聆听和体验到浪漫时才感觉到被爱。没有什么比聆听一个女人和尊重她们（而不只是为了得到她们的身体）更能让她们感到兴奋了。事实上，对女人最佳的催情剂，就是男人公开地对她们表示欣赏且感激她们所做的一切。

在伙伴关系期，双方要了解与欣赏对方不同的"兴奋点"，不管这个点是什么。弗洛伊德曾说："不自然的性爱形式只有一种，那就是没有性爱。"我们的性能量是我们生命力的一部分，可以让我们的人生多姿多彩与神采飞扬。

性的本质是沟通，因此单纯地从这个方面来看，性是很有效的沟

通方式。出自满足单方欲望的性是自私的，当她或他的需要满足后，该位伴侣就“收工”了。这种性爱毫无疑问是单向的，结果可能导致一方欲求不满，另一方则越来越难从性爱中得到满足感。此外，当我们的性生活卡在死亡区期时，我们甚至很可能变得不知道自己的需求，因而越来越渴望极端的性爱形式，只为了要“有感觉”。单纯的性爱已无法满足我们，于是开始追寻一些新鲜的体验。然而，由于这些是基于需要的，我们从没有真正地通过性接触而获得心灵上的满足，于是最终还是放弃了。

当我们借由性爱传达热情，我们的体验将会是心满意足的。我们不只可以传达热情，还可以借此在更高的层面上更深入地传达爱和亲密。性爱变得更自由、更满足，因为我们不再受到与性有关的罪恶感和信念的束缚。

当你的性生活，不再是处于权力斗争期或死亡区期那种一成不变的、沉闷的感觉时，你就不需要伴侣给你更多的刺激才能“有感觉”。这时，驱动你们性爱的大部分能量，不再是需求或要求，而是两人间的互相给予。

在伙伴关系期你不会讨厌性行为，对自己或伴侣的身体不再有排斥的感觉。你已经穿越了许多对性爱、性能量和异性的负面信念及评断。**实际上，性爱的本身是关于对方的本质（灵魂）的，而不是他们的身体**。不是你们打算进行哪种性爱、用多长时间或用哪种姿势，而是你们愿意迎合共赴高潮。

这并不意味着不需要讨论和沟通，而是你们要持续地迎向彼此。**性爱是一种沟通意愿、爱、友谊和平等的表达，也是一种热情不减的行动的表示。同时，这也是一种臣服的行为，通过彼此的结合，容许彼此的能量与恩典相互流动。**你们双方都意识到且感激性爱为你们的生命带来顺流。性爱是生命的润滑剂，是让我们充满生命力的活力来源之一。性爱让我们通过彼此与自然天性相连。由于性爱是一种性能量和生命力的表达，所以性是充满乐趣且自然天生的。

杰夫： 在我最糟糕的分手之际，如果有人来告诉我，我会再次受到苏珊的性魅力的吸引，我一定会嗤之以鼻。我当然会受到其他人性魅力的吸引，但只要一想到要和苏珊做爱，就觉得荒谬得不行。不过，当我处理并穿越了我的假性独立，赢回我的真心后，感觉就好像又回到了第一次，我好像找到一个全新的伴侣。分手后，第一次与她做爱，绝对是生命中最令我振奋的时刻之一。不用说，我还是会故态复萌。和以往不同的是，现在的我将我的目标牢记在心，那就是要重温且创造更多像这样温存的感觉。从此我了解到，性爱不只是关于身体的，而且是一种情感与爱的沟通和升华。

第四章

在亲密关系中成长

所有亲密关系的进展不是变得更好就是变得更差。关系就如同我们的想法，都有一个大方向，然而不管那个方向是什么，永远都可以改变。决定方向的主动权在我们手上，无论情况多么糟糕，只要我们愿意，我们就都可以扭转颓势。只要我们愿意学习与改变，我们就能拥有我们所向往的亲密关系。

我们提供给你的不是幸福婚姻的十大步骤或一份简单的自助清单。我们在此列出的是我们多年来所尝试的，经过多次失败后所总结的心得。书中所列举的错误，我们都犯过。尽管我们搞砸过一切，但我们还是成功地创造了一个充满爱与持久的婚姻。幸福快乐的关系没有一定的“公式”，但有一套原则和“工具包”可以让我们运用在任何情况下。而我们也亲身做过试验和测试，证实这对我们的确行之有效。你也可以将之运用在你的生活实践、练习、行动中，就你个人的情况去展开新的探索。

第一节

亲密关系这面镜子

了解自己最好的方法，就是接受你的伴侣。

亲密关系是自我修行的一个阶段

完整的自我是每日生活运作必要的元素。我们需要了解自己，清楚地知道自己是谁，知道自己的底线在哪里，知道我们可以为他人做哪些事。尤其在为人父母后这一点的重要性体现得更为明显！带过孩子的人就会深有感触地跟你说，如果你的界限不够坚定与清楚，小孩子就会不断地试探你，直到找出你的底线。

由于自我相信分离，所以，当自我失控时——就像在残酷的商业

交易等情况中所做的那样——它就会变得爱竞争、冷酷且沉迷于自己的重要性。这也是为什么真人秀可以如此引人入胜，许多人喜欢看他人与自我之间所产生的冲突，以及后续所创造的一些戏剧性的场面。

我们为了自我满足而与我们的伴侣抗争，企图控制一切。这样一来，我们就无须感受那些埋藏的痛苦情绪。在我们亲密关系的剧本里，我们的自我宁愿相信输或赢而不相信双赢。每当我们生气时，这就是自我的信念在面对事件时的反应。

总体而言，在日常生活中，作为成年人，我们多数都在矫正扭曲的自我结构。每个人生来是一张白纸，最终都会老死，与最初所在的奥秘之地（源头）融合。所以，基本上，人类的成长历程，特别是当我们经历过中年危机后，是一个自我瓦解、返璞归真的过程。

许多人终其一生都在逃避他们情感脆弱的一面，而英国人对此最为拿手。各种繁文缛节、国家律令与烦琐的习性已让英国人麻木，通常英国人宁愿坐在电视机前发呆，也不愿面对那些内心的寂寞和未曾表达的痛苦。不过，一旦你有勇气感受任何内心涌现出来的情绪，最终你会体验到我们所谓的与生俱来（真我）的“闪耀之光”，也就是你与整个造物主联结的部分。这就是我们所称的“合一”或“大爱”，而且不管你身在此刻的时间有多少，这一刻就是一种“极乐”的体验。

我们坠入爱河，却对爱情无法拯救我们脱离苦海这点浑然不知。恰恰相反的是，爱情终究会带出我们所有的痛苦，好让这些痛苦得以疗愈与化解。如果我们容许，爱可以融化我们那些扭曲的、充满竞争性的、分离的自我。**就我们的观点和经验而言，真爱会迫使你脱离不健全的自我结构，最终迈入伙伴关系期，再到合为一体，并且领悟到我们都是整体中独立的个体。**

亲密关系是内心的镜子

我们的自我心智错综复杂。表意识、理性的自我只是真我最小的一部分。不过在这个科学与理性当道的年代里，人们往往忽略这一点。学术界与科学界的许多观点都是建立于公平客观的观察者的概念上的。但是，这其中真的是每个人都能做到公平客观的论述吗？

大多数的论述或研究得出，好像我们的表意识世界就是真的，而且是基于绝对的真理的。但就算十个人都目睹同一件意外事件的发生，事后他们的目击报告会一模一样吗？答案是否定的。当兄弟姐妹和父母回忆家庭事件时，他们的记忆可能会完全不同。那么到底谁的才是对的呢？有没有可能每个人都是对的呢？

我们无法看到周遭世界的真实的样貌，因为我们只会看到“心智滤镜”加工后的世界。所以，我们当然看不到其他人真实的本我。我们的伴侣突如其来的评论也许看似“无厘头”甚至伤害到我们，然而对某些人来说，这些评论可能听起来很有道理。我们对他人特有的正面和负面反应，提供给我们一些关于自己的线索。

我们永远看不到自己的全貌，需要他人来反映真实的自我，而最能反映我们内心的是我们的伴侣。如果你还记得的话，两人之间的化学反应，就是关于你们潜意识冰山下的自我所产生的交会与悸动。丝毫没有逻辑或理性可言，你就是心动，你就是想和这个人在一起。

事实上，如果你真想知道你的潜意识心灵中究竟藏着什么，那么，不妨好好瞧瞧你的伴侣——他们会将这些完美地演绎出来。

客户的故事

珍妮弗是一个美丽的女人，在我们的工作坊中坐了两天，很少开口说话。最后她终于沉不住气发言了，一把鼻涕一把泪地细说她的亲密关系最近如何破裂，她的伴侣刚离她而去。

听完她的故事后，我们请她先将表意识心智放一边，用直觉回答以下的问题："为什么你想结束这段关系？"在场的与会者听到后的反应都很震惊，认为我们很显然没有在听。不过，从珍妮弗的脸上我们看到一个迥然不同的反应，她的脸上浮现出一抹灿烂的笑容（通常这是潜意识心灵乍现的迹象）。接着她说，其实她觉得这段关系一直在牵绊她，让她停滞不前，所以，她醒悟到在某种层面上，她已先于她的伴侣离开了这段关系。

我们的行动和行为大多数情况下是受到我们潜意识的力量驱使的。这个巨大的潜意识冰山潜藏着复杂的感觉与情绪，并且自始至终地影响着我们，直到我们愿意正视它。我们很难接受，成熟又富有逻辑，通常身居高位、拥有高学历或在其他领域功成名就的自己，事实上并不如我们想象中的那么理性。我们很难承认原来我们一点都不了解自己。

了解自己最好的方法，正如我们之前提过的，就是接受你的伴侣，因为通过关系这面魔镜，能够反映所有你隐藏的潜意识心灵。

指点迷津

就目前或上一段关系中，想两个状况是你表意识认为你不希望发生的情况。现在就每一个情况问问自己（用我们的直觉来回答）：“假设我知道，我为什么想要这种状况发生？这样一来，我就可以做什么或说什么？它如何符合我的期待？”

信任第一个浮现于脑海中的答案，不管它看起来多么不合理。

学习付出与接受

越南佛教学者一行禅师曾经说过：“当你种莴苣时，如果它长得不好，你不会怪那棵莴苣，你会去找它长不好的原因。它可能需要施肥、浇更多水，或少晒一点阳光，你绝对不会去责怪那棵莴苣。但是，如果我们与家人或朋友之间产生问题时，我们就会归咎于对方。然而，假设我们知道如何与他们相处，如何照料我们与他们之间的关系，那么关系就会很好地发展，正如莴苣会茁壮成长一样。**责怪根本不会有正面的影响，而利用道理与论据企图说服对方，也同样不会产生任何效果**。这是我个人的经验，不责怪、不讲大道理、不争辩，就是互相理解和体谅。如果你能够理解，并且表明你的理解，那你就可以给出爱，这样一来情况就会扭转。”

如果我们都能够以仁慈与爱心来呵护植物，那为什么我们不能以此对待家人、朋友呢？**除非我们对身边的人付出，否则他们是不会变得更好的。唯有我们愿意改变，外在的世界才会改变，我们的转变才是一切转变的开始，这就是爱的力量**。爱可以改变一切，而修炼场就是我们的亲密关系。如果是爱让人有所改变的，那么当你开始觉得你的伴侣很无趣，知道他们所有的习性，例如喜好、厌恶和性癖好等时，你的解决之道是改变他们吗？如果我们顺着亲密关系的路径继续走下去，我们迟早都会遇到这个无趣又沉闷的卡点，而且亲密良好的关系持续的时间会有越来越短的趋势。多年来，我们听过无数人抱怨他们伴侣的缺点，然而，就在他们自我检视后发现，原来他们所抱怨的那些言行举止，其实在某种程度上，他们自己也正在做。

重点是，我们可以视我们的伴侣为我们检测自我的指标，反映我们个人难以觉察的言行。当我们快乐且事事顺心时，这表示我们一直在付出。相反，假设你的伴侣有问题，这表示你也有问题，而所有问题的核心都在于我们自己不愿意付出。

我们的故事：学习付出

苏珊：在我们的亲密关系中，很容易起摩擦的一个事情是处理金钱、付账单和记账的问题。当我们复合后，我觉得这次该换杰夫来管理我们的财务了。他为了讨好我，很快就同意了。不过，在六个星期之内，我们就遇到了各种麻烦事：电话线被切断、电费被催缴、没有支票存根联，而且我们还透支了。

这时，有一部分的我想幸灾乐祸，可以数落他这么不负责任之类的。不过，后来我意识到，在我们的亲密关系中，我可以在这方面提供实质性的协助。对我而言，这只是小事一桩，我发现这件事由我来做要比由杰夫来做轻松多了，所以为什么不由我来处理呢？当我接手后，我发现杰夫以其他的方式，为我们的亲密关系付出了更多，而且我也更感谢他的付出。同时这也改变了我们讨论金钱的方式，和之前我们对金钱方面避而不谈相比，现在我们在这方面展开了更多团队性的合作。的确，杰夫很擅长赚钱，尽管也很会花钱，不过，自从我们结合了两人的才能后，我们在金钱领域就更加丰盛和成功。

当我们在亲密关系中真心地付出了，事情才会有转机，并且向前发展。**如果你认为你已经在付出了，但事情毫无进展，这表示你是在牺牲，其中隐藏着某种意图而不是真心地付出。**

如果你留意到一位身旁的“重要人物”——特别是你的人生伴侣——在某方面失败了，这意味着你已不再对他付出了，反倒是开始向他索取，或者是与他竞争了。**解决之道就是放下我们的评断，并且张开双臂迎向他们，给予他们爱与支持。**当我们全身心地付出时，他们也会以等同的方式回报我们，我们会见证到他们的成长与转变。

每个人都想要一个满意的伴侣，甚至还可能一天里花好几小时幻想这人的出现。但是，要获得一个好伴侣，那么，首先你要让自己先成为一个好伴侣，才有可能遇到同样好的他（她）。

指点迷津

列一张你想要的伴侣的条件，花一些时间好好想想，问问自己：“我有这些条件吗？我是否愿意让自己成为这样的人，好让自己成为一个百分之百的伴侣呢？”

当我们真心、无条件地付出后，接下来我们就会学到下一个宝贵的人生课题：接受的艺术。因为我们的付出最终都会回到我们身上。学习如何付出与接受，在亲密关系和伙伴关系中都是同等重要的。这会为我们的生命带来顺流，并且促使我们向前迈进与创造丰盛的人生财富，让我们的人生高潮迭起，而且就算处在低潮时也不会再像以前那样情绪低迷了。

幸福、快乐与成功来自好的关系

幸福、快乐与成功，是我们人生共同的目的。如果我们不快乐，那我们还有第二个人生共同的目的，那就是疗愈自己，直到我们再次感到幸福、快乐。

我们的幸福来自学习，与我们的伙伴、朋友、孩子，当然还有最棘手的原生家庭，共同拥有很好的关系。然而，最明显的可以开始着手的地方，不外乎我们与另一半的亲密关系，因为**任何让我们心碎的问题都会在亲密关系中浮现出来**。随后，我们可以选择：选择责怪对方、要求他们改变、与他们分手；或者，我们对自己的感觉负责任，坦诚地与对方沟通，解决该问题，并且向前迈进。因为如果你以正确的角度去检视，那么每一个问题背后都隐藏着天赋、教训和洞见。你会发现学习和认识自己永无止境。

这个过程在于你们的关系如何进化，以及你是如何进步的。你必须跨越过往的种种心理，你的扭曲的自我结构，过往潜意识里的限制性的信念，才能迈向一个更成功、更丰盛的人生。你改变了，伴侣也会改变，你们会共同穿越之前的问题模式，这意味着，你们的关系会提升至另一个全新的和谐沟通与相互理解的层面，你们也将会拥有更多的蜜月期。问题似乎经常以螺旋状的形式一个个地呈现出来，于是我们要一层又一层地穿越它们。我们的个案咨询客户，一次又一次地告诉我们，一旦他们与伴侣穿越了一层又一层的问题后，他们的生活似乎豁然开朗，一切再度回到顺流，而且人生更成功、更快乐，他们进入了伙伴关系期，建立起真正的亲密关系。

第二节

处理好亲密关系的八大原则

你喜欢被人呼来喝去，任意使唤吗？
你的伴侣也许会遵照你的规定行事，
心里却对你有着满满的怨恨。

原则一：你的幸福与快乐是你个人的责任

许多人花了很多时间在思索着一个问题：究竟什么可以令我们感到幸福与快乐？然而，我们对我们的伴侣，或者未来的伴侣最大的期望之一就是他们有责任让我们快乐。不过，当我们认真地审视这个信念后，马上就意识到这是一个非常愚蠢的想法。

不妨扪心自问，你想要一个和你想法一样的，认为他们的快乐是你的责任的，可怜的伴侣吗？如果你不想也做不到的话，那你为什么指望别人能为你做到呢？**如果你在生活中感到不快乐，这表示其中有些事情你要好好地检视，并且改变。只有你才能处理、转化与疗愈那些让你不舒服的感受。**

原则二：你的需求是你个人的责任

我们以为我们的另一半甚至我们的孩子，来到这个世界的目的就是要满足我们的需求。但是，我们的需求就像我们身上的一个无底洞，早在小时候我们就评判我们的父母或其他监护人，埋怨他们没有按照我们想要的方式来呵护我们。

其实说穿了，每当我们生气、争吵时，我们要表达的就是我们的伴侣没有照顾到我们的需求，我们为此感到愤恨难平，觉得他们怎么可以不满足我们的需求呢？在盛怒之下，我们凭借情绪勒索的手段，强迫他们满足我们的需求，其实就是让他们为此感到内疚。

当我们变得需求无度，并且企图从旁人身上索取时，我们就会感到更为枯竭无力，进而成为“能量吸血鬼”。小孩子对这类人特别敏感，你留意一下就会发现，当爱索取的成年人来拜访时，不到几分钟，小孩子一定会一溜烟儿地跑不见了。

客户的故事

几年前，一位女士经常参加我们的工作坊，而且在几次交流中，我们都谈到了她那明显的索取能量。当人们处在这种情况中时，他们很难觉察自己的行为对他人的影响。她先生经常在海外工作，她的三个小孩则自愿去寄宿学校，并且希望尽早地离家。我们的儿子是一个健康的青少年，在工作坊中他坐在这位女士的旁边。事后他告诉我们，他的左侧——与她并肩坐的那一侧，失去了感觉，麻木了。她将他的能量都吸走了，他再也无法忍受坐在她的旁边了。过不久，她告诉我们，她终于看到她的所作所为，并且下定决心要修补之前对家人所造成的伤害。

当我们操控他人时，我们其实是在纵容自己以某种行事风格来满足自己的需求。短期内也许有效，不过，日子一长，身边的气氛就会被你搞坏，而别人也会自觉地与你保持距离。这是任何关系都会遇到的严苛考验，假设有人远离你，不管是什么时间或用什么理由，那可能都是因为你正在以某种方式企图向他们索取，企图让他们来满足你的需要。

另一种常见的需求是假装我们没有任何需求。“我不需要任何人或事物！”这是所有独立的人的悲歌。我们看过无数独立的人走到一个不需要任何人的位置，然后过了不久就崩溃了。

我们的故事：学习付出

杰夫：不求人是我近四十年来最爱用的一个策略。我是一个完全独立的人，无法忍受身旁有任何索取的人。我认为我不需要任何人，没有人可以左右我该做些什么。我认为我骨子里一点需求都没有，体内一点需求的基因都没有。要我开口求人帮忙？门都没有。

当我意识到，原来我这种态度会让身边的人远离我，包括我的孩子。后来，我陷入极痛苦的需求的深渊，那个我曾发誓我不可能会有的处境。当我真的去感受那些未被满足的痛苦后，我才了解为什么我抗拒了这么久，为什么打死我我都不想承认我有这些需求，我花了好几个月才从情绪的谷底爬回到我的生活中。

重点是，我们千万不要斥责需求的部分，有需求是很正常与自然的，问题出在我们试图要他人来照顾我们的需求。当然，如果你在乎你的伴侣，当他需要关心时，你为什么不关心他呢？你可能意识到这是你的选择。当你内心有需求时，你的伴侣可以满足你内心的需求，这固然很好，但更重要的是我们要尽自己所能地将自己的个人需求照顾好。面对需求，我们要坦诚以待，并且承认它们，而不是回避或将它们隐藏。

指点迷津

想想看，假如你需要某个东西，那么就是你的心里少了那个东西。而我们之所以知道好像少了它，那是因为我们的内在早已拥有了那份特质。更深层地来说，事实上这就是我们真实的本性，只是被童年时期需求得不到满足的那份痛苦所掩盖。没错，这的确很痛苦。然而，痛苦的感受也是身为人类要面对的一部分。

不管怎样，首先，我们要面临的挑战，就是不要责怪我们的伴侣没有满足我们的需求。其次，停止抱怨“如果我的父母好好地爱我，我的人生就会好过一点”。

想象一下当你的孩子想要某些东西时，例如食物、温暖、爱、关注或一个拥抱。假设你有资源和能力可以给他，你会给他吗？当然，你一定会给他，并且尽你所能。既然如此，那么你的父母不也是一样吗？没错，事实上，你的父母已经给了你他们所拥有的一切。

现在，你是否意识到，这也许是一个召唤。要你将这份礼物——这份你拥有的特质，付出给你自己与你的父母？**若想得到所需，最佳方法就是先付出。**种瓜得瓜，种豆得豆，你付出什么，就会得到什么。

原则三：你的感觉是你个人的责任

让我们再次回到潜意识的冰山模式，看一看我们的感觉从何而来。没错，感觉来自你的那个巨大的潜意识冰山里的信念和情感，这个冰山一生都伴随着你。当然，在某些情况下，像战争与暴行会让你感到悲伤和愤慨，这都是正常的反应。**不过，当面临亲密关系时，很重要的是，你要明白你的感觉其实是一种选择**。这个选择通常发生在潜意识里的一瞬间——你要在觉知的状态下才能捕捉到它。

通常，我们对这些陈述的第一个反应是难以置信。“才怪！”我们在心里尖叫。“事实哪里是这样啊！上个星期他忘了我们的周年纪念日，这让我感到自己完全不被重视，我甚至有被遗弃的感觉。”

让我们花些时间来仔细地探讨一下这个想法。**我们觉得自己“不被重视”或“被遗弃”，都只是我们的反应，也许某些人遇到相同的情况时，他们可能完全不介意**。也许会有一点生气，不过不会有完全不被重视或被遗弃的感觉。

其实，我们很有可能在遇见我们的伴侣之前，这种感觉早已深植于我们的内心，只是现在这种感觉被引爆了。大多数人会压抑自己的感觉，因为我们被教导情绪是一种软弱的象征，或者它们会造成很多不必要的麻烦。然而，当我们很努力地压抑这些感觉时，我们就成了一颗会移动的不定时炸弹，就像安静地漂浮在海里的那些水雷，一旦有人靠得足够近才会“轰”的一声炸掉。如果你还在压抑感觉，那就要小心了！当我们年轻时，我们精力充沛，可以持续地隐藏这些纷乱的感觉和情绪，但随着我们的年纪渐长，精力耗尽人也失去耐性时，我们就会变得易怒与反复无常了。

指点迷津

当某件事或某个人按到你的按钮，触发你压抑的负面情绪时，你要禁得起责怪、攻击、退出的诱惑。认知这些是你自己的感觉，很可能已存在于你的内心有很长的一段时间了。你甚至要谢谢这个人或这个状况，让你有机会触碰这个过往被压抑或被回避的负面感觉。

现在，请运用冰山模式开始剖析自己，并且疗愈这个过往的感觉吧。

原则四：你生气的理由永远都不是你以为的那一个

当我们的伴侣表现出某种令人抓狂的行为时，或者当他们以令人难以置信的语气和我们说话时，我们就会有强烈的负面情绪，并认为这些情绪与当下所发生的事情有关。就算生活中一次又一次地有人表现出同样的行为，我们的反应也是一模一样时，我们对此仍然坚信不疑。其实这是一个模式，我们已经陷入了这个不断重复的循环中，直到我们完全封闭自己，不让任何人靠近；或者我们认知到我们的反应是关于什么的，并且负起责任，开始从更深的层面做出改变。

指点迷津

当我们生气时，其实只有很小的一部分与当下发生的事情有关，大部分都是关于很久以前的事件。认真地想想看，到底你的伴侣做哪些事情会让你抓狂，让你厌恶不已呢？让自己进入这种感受，留意这些感受对你的影响，这些感受在你体内的感觉是如何的？花一些时间好好地观察，就好像你是一部情绪的 X 光扫描仪，可以看穿身体的情绪反应。现在想想，你是真的第一次感受到这种感觉吗？早在什么时候你就有这种感觉了？你真正生气的对象到底是谁呢？

如果你愿意，请坐下来，拿起笔记本，写下上面那些问题的答案。你从中学到了什么？除了生气，你想要如何回应呢？

例如，我们有一位客户，他发现自己无法信任他的伴侣是因为他母亲在他四岁时突然离开他，让他独自一人。当时他只顾着玩，没有听到妈妈说要去处理一个紧急事件，当他发现妈妈不见时，他很惊慌。于是，这种突如其来的被遗弃的恐惧感仍然存在于他的心中。当他容许自己体验这份恐惧，释放这个情绪的记忆，并且放下它时，他就不再有这种被遗弃的恐惧了。

每一次生气的核心都是一份误解。我们要找到问题的症结所在，并且在此处进行疗愈与转化，而不是拿我们的伴侣和家人当出气筒。童年时，我们的心智还不成熟，在信念中我们做出了一些错误的选择，我们现在却让我们所爱的人为我们过往的错误的选择付出代价。这是不对的。**只有我们有勇气，并且诚实地面对这些成为问题的选择时，我们才能走出模式的循环。**

原则五：控制是行不通的

大多数人都是参加过“奥林匹克控制大会”的高手，原因是我们都曾经去过“奥林匹克儿童心碎大会”。如果你认为你在童年时期错过了这场大会，那么你不妨看看自己目前与过去的关系吧。你是否留意到一些令人难受的蛛丝马迹呢？好吧！你猜猜看这是什么？没错，它们就是你的心碎！

我们确保未来再也不要有任何心碎的策略，就是试图控制其他人和当前的局势。这完全是可以理解的，我们想要我们的世界更安全，我们不想面对这些难受的情绪。事实上，控制是行不通的，因为我们迟早都会回到那个一开始我们就因为不想面对而选择了逃避的情绪之中。

控制导致我们陷入抗争，正如同权力斗争的关系。在争吵中，我们也许会利用愤怒，试图改变我们的伴侣和他们的行为。不过，这是一个铁定会失败的计谋。好吧！就算你也许没想过会失败，但是，这时我们面临一个简单的选择：你要爱还是控制？这是两种全然不同的能量，绝对无法共存，我们一定要从中做出选择。

多年来，我们和数千位没有亲密关系的人做过访谈。表意识里他们都渴望拥有亲密关系，并且通过各种联谊活动或机构去寻找。尽管他们遇到许多人，但似乎没有一段关系可以长久。**在这些例子中，其中一个主要的动能是我们不容许自己陷入爱情。因为这样一来我们就要臣服，并且放下我们的控制**。然而，这就是恋爱的本质：你的生命大幅度地拓展，你的世界充满无限的可能，你的心扉敞开了，任何事都有可能发生。

与控制相对的是信任。当我们控制他人时，基本上我们就在说："我不信任自己可以处理接下来要冒出来的感觉。"所以，当我们控制时，这表示我们不信任自己和自己的能力，进而对自己及身边的人也失去信心。

爱与控制无法并存。还记得你爱得天旋地转的时候吗？当时你几乎无法专注于任何事情，连过马路、穿衣服都有困难，爱让你晕眩。要你做一些无厘头的事情，好像一点困难都没有。因为当你坠入爱河时，控制就已不再是你的拿手项目了。

原则六：除了自己，你无法改变任何人

另一种我们控制的表现是企图改变我们的伴侣。只要他们再做些

什么或再怎样，例如，只要他们更爱我，更体贴我，更听取我们的意见，那么我们就会快乐了。

正如我们之前提及的，控制他人是行不通的。**真正的个人的转变永远都来自一种内在的冲击，而不是定下一堆外在强制执行的规则或要求**。你喜欢被人呼来喝去，任意使唤吗？你的伴侣也许会遵照你的规定行事，心里却对你有着满满的怨恨。

心理自助大师韦恩·W. 戴亚博士曾说：“当你改变看待事物的方式时，你所看待的事物也会改变。”奇妙的是，当你改变后，通常你的伴侣也会改变。

原则七：所有的关系都处在最完美的平衡状态

每一段关系自有其平衡之道，而且在这种平衡状态下，更深的层次里总是有某种共谋的部分。当然，我们会为坚持自己的立场而努力，例如，你要成为一个独立型的伴侣，那么你的伴侣就要成为那个情感上更依赖你的人。同样，在婚姻破裂那一刻，人们也会互相争辩谁是“对的”一方。

在工作坊中，我们常听到人们说他们的伴侣有多么糟糕，所以他们要来工作坊找答案。然后，他们都会很惊讶于我们提出的第一个问题：“你为什么希望这种情况发生？”他们的第一个反应几乎都是：“我一点都不想要！”“我怎么可能希望这种情况发生”……不过，这只是我们表意识心灵的想法，是我们意识中占比最小的部分。假设你真的想要了解自己，那么你就要确认，你和伴侣之间是否发生了一些事情，如果发生了，你要认清，其实就某个层面来看，这也是你自己的计划。

苏珊： 表面上，我发誓我们分手绝对不是我乐见的情况，不过，当我问自己这个更深层的问题“为什么我想和杰夫分手”时，我的潜意识浮现的答案是“因为与他在一起太麻烦了，我想按照自己的方法行事，不想有那么多的痛苦了”，这个答案让我感到惊讶，原来我心灵底层那个“小可怜”的受害者，其实想和杰夫一样做独立型的伴侣。那个部分的我想和他一样可以独立起来。

在蜜月期，两人之所以互相吸引，一部分的原因是我们的碎片和对方的碎片完全契合。所以，如果你有一个心碎的故事，比如，童年时期有人出卖你，让你心痛，那么对方也一定会有一个非常相似的故事。当然，在亲密关系中一开始这部分也许并不明显，不过，在往后的发展中这部分就会渐渐地浮上水面。如果双方没有觉察这一点，那么其中的一位伴侣终究会做一些背叛的行为，另一方则会感到完全被出卖。**现在之所以发生这类情况，并不是在惩罚我们的过去，而是给我们一个机会去疗愈当初形成的这个心碎**。没错，过程会很痛苦，但是，如果我们想要生命向前，迈向真正的幸福，我们就一定要勇于面对，解决问题的症结所在。

假设双方没有意识这一点，那么关系很容易就会进入分成所谓的好人与坏人的两极化的阶段。在有些亲密关系中这种对立的情况非常严重，因此亲密关系就有如昙花一现。即便如此，我们也发现有些夫妻就算亲密关系已经进入两级化的阶段，但他们仍然相处了二十年或甚至更久，过着近乎活死人的生活，因为他们从不面对那些一直渴望被疗愈的心灵底层的伤口。

客户的故事

最近，在德国的一个工作坊中，一位结婚超过三十年，亲密关系深陷死亡区期的伙伴，说她想鼓起勇气，做出决定，离开她的伴侣。他们的角色完全对立：他是“懒骨头先生”，她则是“万能太太”打点一切。当她明白她的个人问题后，她发现原来她害怕他们的关系更亲密。她意识到，她与伴侣的关系是如此两极化。她回到家后，用了不到几小时的时间，她与她丈夫就回到了蜜月期，并且开始着手弥补过去失去的美好时光。

如果你发现自己开始数落伴侣，例如，“我才不可能气成他这样呢”“我才不可能像他这样动不动就发疯呢”，你们的关系就开始两极化了。我们在伴侣身上看到的一切，就是看到的我们自己。我们都不可避免地拥有好与坏两种特质。当我们双方认真地检视亲密关系后，我们就会明白，我们伴侣对我们所做的事不过是我们对他们或其他人做过的事。

如果我们可以承认：我善良但也残酷，我有可爱的一面但我也有生气甚至暴力的一面，这样一来，我们就可以更坦诚，更真实。如果我们否认这一点，那么我们身边的人，就一定会不断地重现我们所隐藏的“心魔”。

客户的故事

我们工作坊里的一位学员告诉我们，她有一个朋友开了一个在亲密关系中“与你的天使联结”的工作坊。她是一位公认的美女，亲切、善良、可爱、甜美、充满正能量。然而，她的伴侣经常在公开的场合里口头上攻击她。事实上，在她的工作坊中，她的伴侣公开地质疑她，并且对她的质疑是类似“胡说”一类的词汇。

由于她是那么仁慈与宽容，她将这个事件“放下”。但到了下个星期的工作坊，她的伴侣就再次故技重演，而且这次略带攻击性。随后，回到旅馆的房间，她的伴侣打了她。她的情况很糟糕，她取消了接下来的活动，并且开始告诉全世界她丈夫是一个多么差劲的人。没错，打人的确是不对的。不过，当她成为那个超级善良、甜美的假面人后，她的丈夫就无处可去了，他会做出一些平衡妻子行为的事情。所以，他就成了那个来自地狱的伴侣。我们很容易就看出丈夫的行为“脱序”，不过，妻子没有看出她自己是如何“脱序”的。丈夫只不过是完美呈现出妻子心里面的那个“心魔”人物。

指点迷津

这个故事说明了两个极端。是否有引起你的共鸣呢？在你的关系中，你是好的“圣人”角色还是坏的“侵略者”角色？如果你留意到这股动能，花一些时间改正自己，让自己重新回到中心点。当你改正自己，将自己带回中心点时，不久你们的关系也会恢复平衡。

原则八：关系是双方 100% 的付出

这个原则通常是人们反应最强烈的一个。对多数处于责怪与补偿文化中的人而言，甚至会觉得他们在关系上 50% 的付出，已经是一个极限了，现在居然说要 100% 的付出？他们不禁会问：“你一定是在说笑吧？”

当人们坚持，他们的关系就是要一个 50% 对 50% 的公平交易后，他们就有理由责怪对方不配合。我们听过许多人抱怨他们的伴侣：他们不想做爱，很孤僻，常常咄咄逼人，等等。不过，当我们深入探讨后，很快就真相大白。原来这些评断背后隐藏着那位抱怨者的个人问题：害怕性，害怕亲密，以及害怕自己内在隐藏的攻击性。

当我们攻击或责怪伴侣时，其实我们真正攻击的是自己。他们只是我们的一面镜子，还记得吗？**事实上，除非我们愿意为自己、为我们的伴侣及其行为负起100%的责任，不然我们就会一直卡在问题之中，动弹不得。**

当然，你的伴侣也有他（她）自己的问题。我们并不是觉得他（她）像雪一样洁白无瑕，同时你们之间所发生的事情，也不是都要怪罪于你。我们的意思是你要对自己的人生负责。**你有能力做出适当的反应，然后问问自己："如果我的伴侣反映我的潜意识，那么这是要向我传达什么信息呢？我要从中学习什么呢？为什么我想要这样呢？"**

你是否留意到你或你的朋友，往往都吸引一些类型相似的伴侣呢？你或他们在亲密关系中，是否都一直经历着相同的问题呢？不管你认为伴侣的行为有多可怕，你不妨问问自己，为什么你想这样呢？这其中是否有课题要让你学习呢？

事实上，我们会说，你在关系中100%的付出，只是刚好达到及格的边缘！130%的付出会让你迈向幸福之路。**完全为自己、为你的世界负责，也为身边的人负责，你就会拥有真正的力量。**你绝对不会再遇到一个比"一段有承诺的关系"来得更好的修炼场了。

第三节

小技巧提升亲密度，你知道吗

多年后发现，我们幸福、快乐与
成功的最大障碍是我们的自尊心。

认错需要力量和勇气

经过这么多年在自己身上下苦功，学习转化原则（如投射和移情），但一提到“你要坚持己见，还是要快乐”，我们可能还是会执迷不悟。我们经常会想：“我知道这是投射啊！我知道不要试图改变他人，在大多数情况下，我也是这样做的。不过，这次跟他真的是有理讲不清啊！这次，我肯定错不了，他就是这副德行，我只是在据理力争。”

也许关于该事件的部分，你确实是对的，不过，就整个大局来看，你未必是对的。也许就算你看事情的角度是对的，那也只是你的看法。**为了不要陷入纷争，最佳解决之道是你必须顾全你的伴侣，因为这会使你们的关系向前一步**。但是，如果你坚持自己是对的，那你的伴侣就会和你一样坚持己见，不过是和你唱反调罢了。这样一来，你们就会陷入争吵，而在一场争吵中是没有真正的赢家的，尤其那个争吵的对象是你的伴侣。

在我们的生活和亲密关系中，为了避免冲突，我们要学会沟通与接纳他人，并且将他们的意见与我们的意见融合在一起。即使在极罕见的情况下，你真的是对的，不过，你要做的仍然是顾全你的伴侣，因为无论在你的亲密关系中还是人生其他方面，你仍然需要他们的支持才能达到更进一步的成功。

“自己总是对的”是一切关系冲突的缘起

当我们评断一个人时，我们就会与那个人卡在这个评断里，陷入我们所评断的看法中。直到我们发现，原来我们的看法并不是对的。想想看：假设我们坚持对某人的看法是对的，他们就是我们评断的那个样子，那么每次看到或想到他们时，我们就都会有同样的不满的感觉，我们在心里（或私底下）不断地埋怨他们和他们的所作所为。由于他们往往是我们生命中很重要的人，所以我们毫无疑问地会经常想起他们。我们评断他们的结果，就是造成自己不快乐或心神不宁，甚至还无法安然入睡。

评断会让我们的世界定格。当我们坚持世界就是我们所想的那样时，迟早我们会觉得受困，困在我们的亲密关系、我们的事业或我们的生活中，动弹不得。

杰夫： 一些古老的土著文化不能理解西方的指责文化。我听过马里多玛的一个故事，他是一位来自西非达噶拉部落的作家。当他试图向部落里的长老们解释西方控告他人以求取赔偿的概念时，他们的神色看起来都很疑惑。过了一会儿，其中一位长老发问："怎么会这样呢？难道他们没有从中学到教训吗？"

责怪别人并不能解决问题，也不会让事情有任何进展，反而会种下怨怼的种子。假设我们开始以高姿态责备他人，那么我们就会变得自以为是，进而失去魅力。你是否曾经受到一个自以为是的人的强烈指责呢？你还记得当时难受的感觉吗？其实这些都是那些人在"自以为是"的底层下的感受。一个人自以为是的程度，其实就等于他们在潜意识里，觉得自己是错的和不好的程度。他们无法原谅与忍受他人的程度，其实就等于他们无法原谅与忍受自己的程度，或者无法原谅与忍受自己曾经做过的事情的程度。

指点迷津

想想那些你的伴侣令你感到生气的事情。现在问问自己：这种情况是第一次发生吗？这是我生命中第一个这样做的重要的人吗？仔细想想看，并且再问问：我是否也曾经做过同样的行为呢？如果答案是肯定的，那么你不妨想想看，你是如何批判自己的，其实就和你现在批判你的伴侣是一样的。当你的伴侣惹你生气时，你要做的就是宽恕，因为当你宽恕他（她）时，你也宽恕了自己。

客户的故事

当我在工作坊中讲授这个原则时，其中有一位女士有很强烈的反应。她声称她父亲是一个固执己见、专横跋扈的恶霸，她永远都不要像他那样。她补充说，她是个经常来参加工作坊的人，并且努力于自我成长，然而我令大部分人意外地认为她也在做和她父亲相同的行为。因为，当她在指责父亲超级跋扈的行为时，可以判断，她只是创造了这个超级宽容的表象。我向她解释，她父亲的行为底层是在坚持他是对的，而她也在坚持自己是对的，这才是关于她批判她父亲行为的本质。她将自己批判父亲的行为都归咎于父亲，她要让父亲觉得他是错的，正如父亲也曾经让她觉得她是错的。

这需要她鼓起勇气，她也需要团队的支持，在那一刻，她接受了她和她的父亲是一样固执的事实。她原谅他，同时也原谅自己，她的生命也向前迈进了一大步。她告诉我们，后来她再见到她父亲时，他们的关系变得自在多了，并且她还可以对他那坚持己见的态度开玩笑了呢！

这不是在纵容不良的行为，而是对自己的行为负责。**记住，你无法改变任何人，除了你自己**。不断指责他人，虽然简单明了，但是这帮不了任何人，特别是你自己。

一切愤怒，都是企图使他人感到内疚而已

愤怒是一种情绪的掩饰。假设我们身旁有人以某种方式激发了我们的某种情绪，然而我们不知如何面对这份情绪，我们干脆用愤怒来反馈他们。盛怒之下，我们攻击那些激怒我们的人，企图使他们感到内疚，并且要他们为此负责任。我们利用怒气，控制并强迫身旁的人，不要再做出一些令我们感到难受的行为举止了。**不过，最有可能的是，早在遇见我们怒气的出气筒前，这种感觉已经在我们的心里了，我们只不过是利用愤怒来实施了一种情绪的勒索。**

杰夫： 我在接受“人与人心理学”的训练时，遇到的一件让我气愤的事情是，我被告知生气绝对没有所谓的正当理由。我心想这怎么可能呢？当时我气坏了！不过，在这个领域学习多年后，我现在明白，当我们生气时，我们会觉得全世界好像都在和我们作对。我们气的那个对象很可能只是一个目标，我们可以将纸袋套在他们的头上，但是我们仍然充满怒气。我们完全与身旁的人切断了联系，而且觉得骂他们是理所当然的事。事实上，我们想让他人对发生在我们身上的事情感到内疚，我们抛开自己的力量与责任，认为处罚他人，让他们蒙受痛苦是正当的（只因为我们不愿意面对并处理自己内在的情绪和感觉）。现在，每当怒气上来时，我会给自己最多五分钟的时间独处。如果过了五分钟我还是很生气，那我就知道我只是在坚持己见，自以为是罢了。

现在让我们面对现实吧！其实我们时不时地生气，这是很平常的。**我们永远都不该否认或压抑怒气，我们只要去感受它就行了。**

当我们还小时，多数人都被教导生气是不好的。开明的父母会说：“你生气不是问题，但如果你因为生气而把车库烧了，或揍弟弟妹妹，那就大错特错了。”

愤怒会导致暴力行为，不管是对别人还是对自己。我们也许很多年来都不曾发怒，直到有一天被一件小事引爆，并且大发雷霆，随后我们做出一些懊悔不已的事情，并且心生罪恶感，进而下定决心再也不要发怒了。于是，我们过着如履薄冰的生活，心中充满恐惧，害怕一不小心，我们心里那只愤怒的怪兽，会在最不恰当的时间跑出来，并且摧毁我们的生命。

指点迷津

接受你的愤怒。当你生气时就承认你在生气，不要对此采取任何举动，不要逃避它。让它在你的内心燃烧，并且看看接下来的感觉是什么。更深一层的情绪是什么？它要带给你什么信息？只是接受我们正在生气的这个举动，就可以让我们重新整合这部分的自己，而不会把问题扩大。当我们接受与包容愤怒后，它就会转化为其他的东西，成为一股改变的动力、一份对生命的热情，以及驱动我们创造力的源泉。

当我们过了一段时间，怒气还是难以平复时，我们就会卡在某人、某事或害我们失去某些东西的信念里。表面上看起来好像某人做了“对不起我们”的事情，害我们达不到原本的目标或成就。**不过，事实上，除了我们自己，没有人可以从我们身上剥夺任何东西。**我们是自己生命的船长，命运的主人，我们可以学习重新调整，学习适应，并且找到更好的方法。

在关系中，把发脾气和宣泄怒气作为武器对付他人是行不通的。

当我们生气时，没有人可以幸存，因为愤怒就像胡乱扫射的机关枪，每个人都会中枪，包括自己。

凡使你痛苦的，必将使你强大

不管是什么情绪或感觉，转化我们顽固情绪的第一步都是对它们负责任，因为它们来自我们。我们称这个过程为“学会与你的情绪共处”。这是我们工作坊中所教授的一个模式。

开始是一个触发的事件，例如，伴侣做了什么激怒我们的事情。就在那一瞬间，我们潜意识的感觉会涌现出来，产生一种反应，一种情绪上的反应，如暴怒或深层的悲伤。

就在这一刻，我们可以选择平静下来，与这些感觉共处，这是接受这个艰巨的任务的最佳时刻。说起来很容易，虽然这些感觉只是想被我们感受到，不过我们早就成了回避感觉的大师，原因通常是在我们还小的时候，第一次体验这些感觉，它们有如排山倒海而来的巨浪冲击着我们，我们感觉自己可能会死掉。

为了远离恐惧，我们倾向选择做一些自以为可以逃避痛苦的行为——我们可能成为工作狂、流连于酒吧、猛刷信用卡，或者一次吃掉好几包巧克力饼干。我们称这个为“聪明反被聪明误”。这种补偿性的行为变成一种强制性行为，而这也是各种成瘾问题和身心失调问题的催化剂。它让我们感到痛苦、焦虑与分裂。更重要的是，这种补偿性的行为掩盖了痛苦，这意味着在未来的某个时间点，我们一定会再次被触发。

你的痛苦其实是来自你不愿意承受。痛苦乃人生的一部分，凡使你痛苦的，必将使你强大。当你敞开心扉感受痛苦，接受它并且与之安然共处时，它终会消失。这并不代表你什么都不用做，有时候在盛怒之下做家务，也是一个不错的方法。诀窍在于保持觉知，再次说明，千万不要逃避，也不要意气用事。看看它要向你传达什么信息，因为其中一定有课题等着你去学习。感受你的情绪会让你找回自己的心，而且唯有当你真正摆正自己的心态，你才能对任何情况做出理智、适当的反应。

我们的痛苦都源自误解。我们的父母并不是不爱或不关心我们，他们是爱我们也关心我们的，只是他们可能不爱或不关心自己。从我这二十年来在教授关系的经验中得知，每个人在任何情况下都已经做到了他们的最好（就他们现有的外在与内在的资源和经验而言）。的确，他们可能做得更好，不过话说回来，换成我们自己可能还不如我们的父母。

杰夫： 通常我会针对一个引发争执的问题思索好几天，找出其中的误解之处。每当我领悟后，我就能明白对方，以及为什么他们会有这样的行为。当我们全然地了解我们的伴侣和他们的内心世界，看到他们只是为了生存而不得不面对挑战，看到他们愿意与我们分享他们的生活，并与我们共担我们的精神负担时，我们就会心生伴随联结与爱的理解，让我们可以敞开心扉，带着一份感激之情去接纳他们。这是我们生活中最重要的元素，因为感激是所有的感觉之母，同时也是构建美满又幸福的关系的关键所在。

倾听你的心，沟通心里真正的想法

这是人类的一大分裂之处：到底要跟随我们的心呢，还是大脑呢？当我们人在独立（且与感觉隔离）时，我们只会运用理性的逻辑层面的大脑来处理问题。**事实上，如果我们在逻辑思维的训练上花费足够多的时间，我们就会成为一个健谈的人，但也可能成为一个只用大脑的人**。这种现象在当今的社会是可以理解的。在社会上，人们认为思维比感觉重要，有情绪的人就会被视为弱者。但是，整天用脑，很快你就会对生活感到厌倦，也许你赚的钱够多，足以买到兴奋感，比如，趁着周末做一些冒险刺激的事情。不过，这种做法也只是治标而不治本。

如果我们没有用心，我们就会感到迷惘，生命也会失去方向与意义。当我们只靠大脑生活时，我们就已经决定看淡一切，不要赋予人、事、物太多的意义。因为，如果对我们而言意义非凡，那么当事情出差错时，我们很可能就会有一些感觉。当这种想法过于极端时，我们就会变得愤世嫉俗。愤世嫉俗的人对一切都看得很轻，所以他们对任何事都不屑一顾，贬低它们的重要性，好让自己不会因此受伤害。他们用思维来经营他们的亲密关系，并且将他们自己的心做好层层的防护。与愤世嫉俗相反的是真诚地用心感受。只有这样，当我们坠入爱河并进入亲密关系时，我们才会在乎我们的伴侣。**毕竟，爱是发自内心，不是靠大脑想出来的。**

让我们学会不要害怕我们的心，并且有勇气捍卫我们想要的与相信的东西。大多数人都怀抱着梦想，这些梦想关于我们想要的生活、我们想要的世界，然而，当我们舍弃我们的心灵时，我们就舍弃了这些梦想，进而迷失方向，失去热情与创造力。但是，我们有机会可以再次赢回这些，因为它们从未消失过，它们仍然在我们心底，就等着我们拿出勇气。**事实上，如果在一段关系中我们已不再用心了，那我们就是空壳子，这样一来，我们就永远不会知道爱和爱的本质的全部意义。**

若这辈子想要成功的人生，也包括成功的关系，我们要做的就是赢回我们的心。我们的心会告诉我们什么是重要的，一旦我们知道，我们的大脑就会协助我们达成目标。当这两者联合出击时，我们身心合一，成功便指日可待。实际上，我们本来就是所向无敌的。

在工作坊中我们经常被问道："一段关系走出死亡区期最快的方法是什么？"**答案很简单：与你的伴侣沟通出你心里对他们真正的看法。**任何关系之所以产生距离，是因为我们言行不一。如果我们嘴巴说的和心里想的完全是两回事，那么关系就会渐行渐远，不久就会有各种杂事、闲杂人等介入两人之间的关系，抑或是亲密关系变得平淡无趣。

如果你心口合一，那么你们的关系绝对不会沉闷！许多人对这个建议的反应是，如果他们真的告诉伴侣他们在想什么，那么这段关系就会结束。然而，事实上，如果你不这么做，彼此之间的鸿沟会不断加深，沉闷感也会与日俱增，直到关系悲惨地终结。

指点迷津

当我们的关系中有妥协时，其实这中间有一方并没有得到他们想要的东西，这意味着该问题没有得到解决。事实上，这个问题在未来一定会恶化，并且再次卷土重来。重点是双方要花时间，找出一个皆大欢喜的解决之道。这就是沟通与高情商所带来的力量，我们可以互相交流，而不会觉得我们一定会有所失去。人们通常会说他们已经试过这个方法了，但还是找不出解决之道，甚至经过几小时的争辩仍然一无所获。通常，这种情况意味着双方隐藏着秘而不宣的问题，所以无法达成共识。因此，这时候双方就要更诚实、更坦白地面对彼此。

当我们善于沟通时，我们就可以了解彼此，并且明确地表达我们的需求和期望。通常在大多数的亲密关系中，这是女性伴侣的天赋。

让我们面对现实吧！大多数的男人哪儿了解什么是沟通呢？在伙伴型的亲密关系中，假如男人足够聪明，他们就会让他们的老婆带头主动解决各种问题。

女性朋友必须了解，当你说“亲爱的，我们必须谈谈”时，男人第一个想到的念头就是“一定是我哪里又做错了”。于是，他们忽然想起一个业务上的紧急电话，或者是当地酒吧的飞镖比赛，找借口逃离。假设他们真的留下来，那么，通常他们的神色就好像一个等着被拷问的罪犯。另外，所有的女性朋友一定要留意，当你的伴侣愿意敞开心扉面对你时，千万不要在这时候落井下石，列出一大串埋怨的清单，也不要开始喋喋不休地只顾着讲自己。也许确实有一大堆积压的事情要讲明白。不过，如果这时女人过于得寸进尺，那么男人很可能就会关上大门，因而错失了一个沟通的好机会。

没有秘密

通常，当人们聊到他们的亲密关系时，这句经典之词就会用上：“哦！我绝对不可能告诉他们这件事！”

秘密会危害亲密关系。我们隐藏自己那些不可告人之事、羞耻的行为、生活中过于害怕让伴侣知道的部分，然后，我们表现得好像我们从来没有做过这些事情。我们甚至还对此表示气愤，严厉地谴责或批判那些做过类似事情的人。有时候，我们实在是太擅长隐瞒自己讨厌的那一部分了，因而去到了一个否定的位置。我们可以完全说服自己，我绝对不会做或我从来都没有做过像那样的事情。

每个人在生命中都曾经做过愚蠢的事，犯过或大或小的错误。然而，如果我们继续隐瞒下去，我们就没办法从中吸取教训，因此这个部分也成了一个众人都碰不得的秘密基地。**在一段关系中，任何一个秘密都会使你和你的伴侣产生距离，而这个距离最终会使关系变得沉闷**。如果你心里隐藏着一两个秘密，那么，有一部分的你就会把你的伴侣和你的生活隔离在外，因为你总是害怕有一天这个秘密会被揭发。

如果你想要有亲密的关系，那么到了某个时候，你就一定要说出你的秘密。诚信是良好关系的基础，就算你有外遇，迟早你都得说出来。人们常对我们说："我知道啊！可是，假如我告诉他们这些，那我们的关系就会结束了。"然而，秘密就像只巨蟹，会不断地啃噬你试图挽回的那份爱的联结。这样一来，不仅关系会变得平淡无奇，而且你内心的罪恶感终究会转变成一种攻击，进而破坏亲密关系。

我们的故事：讲出秘密

苏珊：当杰夫和我复合后，一个过去的秘密不断地困扰着我。杰夫的直觉很准，每过一段时间，他就会觉得我有事瞒着他。实情是，在我们结婚之前，我与一位同事曾有过一段感情。当时，我和杰夫虽然没结婚，但也确立了恋爱关系。当时没有人知道，而此刻，这份罪恶感完全笼罩着我。面对他我越来越言不由衷，说话拐弯抹角，而且很明显我与杰夫因此产生了距离。所以，我终于鼓起勇气告诉他。之后，立即感到松了一口气。虽然杰夫对此感到震惊，但是他原谅了我。更重要的是，我终于可以放下我个人的那份羞愧感，并且原谅自己了。这让我也变得更豁达，更通情理了。

如果我们学会沟通与信任，你就会讶异于我们竟然可以穿越关系的障碍。从二十多年的协助人们解决亲密关系问题的工作中，听了无数的亲密关系故事，我们也得出了这样的结论：亲密关系是经得起任何考验的。正如我们的老师恰克·史匹桑诺说的："爱是所向无敌的，可以穿越任何问题。"任何关系都可以从一场噩梦转变成有爱、关怀与热情的亲密关系。

良性的争论

除非你们拥有的是一段"从未意见相左"的完美关系，不然，你们之间一定会有争吵。你们肯定有一些纷争尚待解决，而这也是这么多人会看这本书的原因。

我们通常建议伴侣们的沟通要预约好至少一小时的时间，好让双方可以坦诚地沟通。以下是有助于你们化解问题的沟通原则（不是定律），你们可以尽己所能地练习以下的原则。

1. 在你们开始沟通之前，有意识地说出沟通的意图，也就是你们想通过本次沟通要达成的沟通结果。

2. 尽你所能地避免使用“你”这个字眼，因为多数使用“你”的沟通都语带谴责。只要一有责怪，沟通就会终止。你可以用“我”来表达，不分谁对谁错的沟通效果最好。

3. 信任对方，坦白地说出你真实的想法。说出实情（很有可能他们早已心知肚明）！任何的“保留”（隐藏的想法）都无法找到解决之道，实际上这是一种攻击的形式，反而会使你们的距离越拉越远。

4. 打断对方的说话会使沟通终止，所以最好避免打断对方的说话。我们之所以打断对方说话是因为我们内在无法忍受在沟通时被激发出来的某种感觉，或者两人之间互相较劲，各不相让。

5. 要明白当太多感觉被触发时，我们可能会难以承受。因此我们就变得强势，而不是真正地去感受这种被情绪淹没、不知所措的感觉。在一场争执中，伴侣双方的感受实际上是相同的。权力斗争只不过是将这种感受在双方之间扔来扔去。

6. 表达感激可以终止争端，你把对方看得比你的感觉更重要。

7. 最后要达成共识，不要妥协或屈就，因为这两者都会造成日后的问题。如果是一些需要秘而不宣的问题，那么若要达成共识可能就需要较长的时间。所以你们要有足够的意愿，将所有评断和期望都搬上台面。即使和伴侣沟通是一个很漫长的过程，也要持续地与伴侣约定时间与其进行沟通。

宽恕彼此

只要我们不再坚持自己是对的，转变自有其可能性。放下坚持己见是化解情势、放过身旁的人，进而放过自己的第一步。同时，我们也要认识到，身边的人是不会改变的，除非我们向他们付出，张开双臂接纳他们、宽恕他们。**宽恕的力量可以扭转一切。**

人们在工作坊中经常提到被自己的父母拒绝的感觉，而他们之所以难以建立亲密关系是因为害怕再次被拒绝。当人们穿越这股动能时，他们看到了自己也在拒绝父母或前任，或者任何他们觉得会拒绝他们的人。他们所认为的拒绝其实有另一种解读：他们的父母可能感到不堪负荷或极度沮丧；他们的伴侣可能有过同样被拒绝的问题，并且先下手为强。不过很明显的是，被拒绝的人不愿意原谅对方。**然而当他们谅解与宽恕对方时，同时，他们也谅解并宽恕了自己。**

在工作坊中，我们经常听到人们说，他们的父亲或母亲如何出走，弃他们而去，造成他们不在乎自己，或者缺乏关爱，等等。然而，假设我们回到那个时间点，并且问这个问题："身为父母的这位有何感觉，以至做出这样的行为？"通常出现的答案是，当时他（她）有一些强烈的负面情绪涌现，可能是源自他（她）自己父母的相处模式。这个过程往往揭露出，父母中离家的那位认为自己的孩子，甚至整个家庭会因为没有他（她）而过得更好。**所以，他（她）的作为并不是不爱或不关心孩子，而是他（她）不知道该如何处理自己的情绪和负**

面信念。他（她）做了自己认为唯一能做的事情，事实上以其个人的行事方法来看，其出发点反而是基于爱的。

超越心理的骗局

心理学对于了解我们的心灵有一些重要的贡献，如投射、移情等概念。它也详细地记录了我们的防卫机制，并且对各种行为都有其不同的标签和看法。这一切都是值得表扬的，然而，这其中仍然有一部分我们要谨记在心，那就是这一切都是我们自己创造出来的。

我们的心理就像一场骗局，花时间无止境地分析就等于在钻研一场幻象。

苏珊： 几年前，一位美国友人来我们家小住几天，她刚结束一段关系。她说，经过这么多年花了大把的金钱分析她的伴侣后发现，他有一个被遗弃的内核模式。她的伴侣无所不用其极地探索自己的核心问题。然而，即使经过这一切努力，他还是离家出走了，并且做出“遗弃”伴侣的行为，离开了她。心理学有助于我们发现自己的模式，而且甚至还可能会提高我们的觉察力，让我们明白为什么我们会有如此的作为。不过，话说回来，这一切都是我们的选择，而且我们一直都在做选择。表面上看起来好像我们的心理主宰着我们，它像只怪兽控制着我们，进而让我们树立一个超级受害者的立场。于是，在更深的层面上，我们就以此为借口为所欲为，并且开始大玩控制的把戏。

你大可把自己放在心理学的显微镜下仔细地剖析自己，不过，除非你愿意为自己的感觉负责任，感受它们，并且深入地了解底层的情绪，不然你只会不断地重复你的模式。这正是我们之前提及的“聪明反被聪明误”，知而不为，结果一样枉然。

认识心理学无疑对我们有很大的帮助。不过，分析到最后，我们都还是要认知我们拥有选择的力量。我们如何选择，结果就会如何——现在生命中的结果都是我们过去选择的结果。我们永远都可以做出全新且更好的选择。

付出，但不是来自牺牲

倘若有其他事物比你的伴侣更为重要，例如足球、购物或其他，那你就是在放纵。与放纵相反的是牺牲，当我们牺牲自己时，其实我们只是意图用一堆表面的付出来掩饰底层的索取。这个策略最经典的怨言就是：“我为他（她）做尽一切，付出所有，结果你看看这个浑蛋是怎么对待我的。”

付出也许有许多种方法，不过只要有一丁点渴望得到回报的期望，就足以将之前表面的付出一笔勾销。这是因为我们“假借付出之名，行索取之实”，我们的付出另有其他目的，所以永远不会如我们所愿。而且，我们也不会因此得到幸福，因为我们为了要让别人满足我们的需要，宁愿放弃自己的生活。我们也经常听到一句话：“他们多少也要有点回报啊，这样才公平嘛！我为他们做牛做马，他们至少要……”好吧！如果你坚持，那么你不妨试试看，看看长久下来这个策略是否会成功。**就我们的经验而言，付出是无条件的，真爱就是全然地去爱一个人。你付出爱给他们，不管他们做什么，或者表现如何。**任何附带条件的付出都是一种索取，除非我们做出另一种决定，不然我们永远都会身陷其中。

在我们的客户身上，我们经常听到某个人在关系中付出所有，支持他们伴侣的学业，到后来，当他们的伴侣毕业时，连一句谢谢也没说就扬长而去了。

这是一个误将索取或牺牲当成真正的付出的典型故事。故事的背后隐藏着一个目的，那就是：“如果现在我付出，未来我一定可以得到回报。”不可否认的是，他们的所作所为是一种善良助人的行为，不过背后期望有所得的隐藏目的，让一切努力付诸东流。当其中一位伴侣越来越牺牲时，另一位伴侣为了平衡彼此，就会变得越来越放纵。所以当我们越牺牲，心里感到越不平衡，并且将一切都归咎于对方时，我们的另一半为了平衡我们的牺牲，就会变得越放纵。然而，我们仍然还是会将这一切归咎于他们个人的因素。

通过付出我们会了解自己的本质。当你付出时，你会知道的，因为你会得到回报，这是一种自然的循环。不过，我们并不是为求回报而付出，而是真心纯粹地向对方付出。不过话说回来，如果你不分享，那要爱做什么呢？

指点迷津

牺牲是你觉得你不得不做某些事，所以你感到分裂和矛盾。因此做起事来耗工、耗时又耗体力。在此你要认知你是有选择的：你可以选择做或不做。如果你相信自己毫无选择，那只会让你陷入牺牲的负面情绪，让你感到负担沉重，并且心生不满。一旦你做出选择，你就不会有牺牲的感觉，这就是付出。你会知道的，因为你付出什么，就会得到什么。很重要的是，有时候我们也要将这句话掉转过来看：“你得到什么，就表示你给出的是什么！”并且大量的事实也证明了这一点。

你的伴侣比你的过去更重要

让我们来看看这个隐晦的模式是如何影响我们的亲密关系的。举例来说，就像唠叨的行为，通常会唠叨的伴侣大多数是女人（但也有例外），而且话题总是绕着不想伴侣再打高尔夫球（在中国可能是少打麻将），早点下班回家，或者不要喝酒，等等。

就这个情况来说，被唠叨的那位伴侣会借此疏远他的伴侣，传达出过去的伤痛比他们的关系更为重要，因此彼此的关系渐行渐远。他的行为实际上在对他的妻子说：“过去发生的事件比你重要，所以我宁愿把我的时间花在感受不到痛苦之处。”通常女人对此很敏感，她感受到失去联结，进而意识到伴侣把其他事情（比如，工作、高尔夫球、游戏、打麻将等等）看得比她还要重要。当这种情况发生时，大多数的女人都会表达心中的不满。

假如被唠叨的那位伴侣够聪明的话，他就会意识到这一点。然后做出一个选择，选择继续抱着这个痛苦的球（这是两人之间的心理状态），还是将伴侣视为生命中最重要的人，并且全心全意地靠近她。

这个简单的选择就可以终结整个问题，让关系更进一步。**光是心态与让亲密关系更好的愿望，就足以让你和伴侣的关系更进一步，化解许多你们过去的模式**。一旦你拉近与伴侣的距离，联结自然就会产生，不久你就会发现，她会任由你去打高尔夫球，或者让你去买你渴望已久的东西，又或者你不会想再花那么多时间打高尔夫球或买东西了。不管怎样，问题总算解决了。

指点迷津

其中一个我们可以做的最佳选择是，意识到不管我们的情况多么麻烦，我们身旁一定有人会遇到比我们更为麻烦的问题。比上不足，比下有余。这时我们可以做些什么呢？坐着愁眉苦脸，钻研我们的心理，还是打起精神去帮助他们呢？由于这是一种有勇气与利他的行为，所以每一次付出都将有助于我们穿越过往层层的心理障碍，只要我们记得伸出援手，付诸行动。

你的伴侣和你的孩子一样重要

如果你问人们一个问题，你最爱的是你的伴侣还是你的孩子，通常答案是："当然是我的孩子！"父母对孩子的爱很明显与夫妻之间的爱不同。不过，把孩子看得比你的伴侣重要，这样对你们的关系并不好。**其中一个我们指导夫妻关系的核心原则是：不管发生什么事情，心永远向着你的伴侣。**

还记得你们刚认识时那种甜蜜的感觉吗？所有蜜月期的亲密、关怀和付出的感觉。我们都知道，当我们离开蜜月期后，两人之间的问题就开始浮现出来了。现在，假设你将孩子扯进这个组合中，那么，通常一位伴侣或者双方会与小孩发展如蜜月期般的亲密、关怀和付出的关系，而这种情况对夫妻之间的关系会造成不良的影响。这意味着身为父母的伴侣的关系之间有一些未转化和未疗愈的问题。在一个有联结、充满爱的家庭中，你与孩子之间的感觉和你与伴侣之间的感觉是相同的。也许你们的表现方式不同（恰如其分的方式），不过关系中的亲密、关怀和付出的感觉其实都是一样的。

想象一下，假设你的伴侣呵护你、体谅你、关心你、爱你，同时你也以同样的方式对待他们，这或许就是一段真实又有意义的亲密关系的本质。所以，如果这些不是你和伴侣之间的主要的感觉，并且你对孩子的爱已经取代了你对伴侣的爱，那么很重要的是，不管你采取什么行动，你都要想办法让你和伴侣的关系重回到亲密与爱的感觉中来。

当有了小孩后，我们都很习惯于将孩子看得比自己还重要。然而，当我们建立一个有爱和联结（每个人都觉得自己是同等重要的）的家庭时，这份联结才有助于为孩子创造一个轻松与成功的生活氛围。同样，也有助于我们创造轻松与成功的生活氛围。

苏珊： 早在我和杰夫真正地分居之前，我就发觉我和两个小孩在一起那种喜悦幸福的感觉，比和杰夫在一起还要多。他经常不在家，当家里只有我们母子三人时，生活似乎比较简单且更融洽。我可以更好地做“自己”，我可以毫无怨言地为他们做任何事，但对杰夫就不行。当然，这种态度让我和杰夫的距离更远，同时我现在也明白了，这对我的孩子而言，也是一个亲密关系上的不良示范。实际上这会加深我们家庭分裂的局面，因为杰夫和我并没有解决这个问题。相反地，我们把所有的焦点都转移到了孩子身上。我利用孩子来满足我内心渴望亲密的需求，而这使得他们感到不知如何是好，因为孩子们最不想做的就是在父母之间选边站。我和杰夫复合的这些年来，我们多次为此向孩子们表达歉意！另外，我们知道，现在我们俩的关系，是他们在亲密关系上一个很重要的示范。

找出你们共同的目标

为什么我们要有人际关系，为什么我们要与他人分享我们的人生？我们认为，在内心深处，我们都知道这是得到幸福快乐最好的机会，而且更是我们成长进步、增长智慧和走向成熟的最佳机会。

聪明的话，你要经常提醒自己为什么我们要有人际关系，或者甚至是这种特别的亲密关系。我们要经常问自己："通过与这个人分享我的人生，我想要实现什么呢？"我们也要与我们的伴侣针对这一点进行沟通，因为如果我们没有共同的目标，那么我们的下一次争吵很可能就是撕破脸皮的最后一次。

指点迷津

找个时间两人坐下来问问对方："我们两人在一起的目标是什么呢？我们要实现什么呢？"

找出你们在这段关系中的共识与努力的方向。是幸福快乐，还是相互扶持和建立友谊？是达到真正的亲密，还是为家人和孩子建立一个安全又充满爱的地方？找出你们之间共同的目标，并且全心全意地接受。一旦你们定下共同的目标后，阻碍你们实现目标的障碍将会一一出现，然而有了这份觉察力后，你们会了解到有哪些课题要共同面对，好让你们可以达成共同的目标。

经常检视这个共同的目标，看看你们进行得如何，有助于你们实现目标。当你们即将达成目标后，你们可以再设定下一个新的共同目标。有了共同目标，你们的关系就有动力向前迈进，如果少了这点，你们的关系就如同大海中残破的船只，任由巨大的风浪摧残，用不了多久可能就会惊慌失措地撞上礁岩。

在这个部分，我们真正要执行的是，将我们潜意识层面已经在做的一切搬上台面，并且提醒自己。**我们以为亲密关系不如预期并不是我们的选择，不过就更深的层面而言，这就是我们的选择，因为我们一直是有选择的。**我们甚至很可能与一个和我们目标完全不同的人共同生活，而这就可以解释为什么有些人的关系总是难关重重的。

平等地看待对方

当我们第一次见到某个人时，大多数人会不由自主地在心里评估这个人是否有利于自己。我们心想，这个人对我们会有什么好处，或者他们会不会利用我们？我们优于他们，还是他们比我们好？**其实我们的小我根本不在乎我们比他们好或差，只是在表达我们不是平等的。**

当我们还小的时候，我们的自我是从一种与人分隔的感觉中发展出来的。我们的自我无法平等地看待每个人，因为如果没有你我之分，那么就没有所谓的平不平等的问题了。**不平等一定会导致牺牲。**如果我们视自己优于我们的伴侣，那么我们就得照顾他们，为他们负责，所以，到头来我们还是要牺牲。这样一来，我们内心那些因牺牲而难受的感觉，迟早会爆发出来。

另一种是认为我们自己比伴侣差，而这也会让自己处于牺牲的窘境，因为这样，我们的生活就会绕着他们打转，一切以他们为主，进而放弃自己的人生。这样的模式也许会持续一阵子，直到牺牲的那份痛苦强烈到我们无法忍受，于是我们不再依顺他们，同时我们也会否认始作俑者是我们自己。我们很聪明，我们甚至会用卑微的行为表现，来掩饰内在自认为优越的信念。

以上两种都是不平等的关系。**当关系处在不平等的情况下时，什么事情都有可能发生，除了爱！**当两人的关系平等互惠时，双方自然就会有一份联结，进而促使我们敞开心胸地去付出与接受爱。在关系不平等的情况下，联结就不会产生，而且两人之间的爱的流动也不可能存在。

我们要牢记人人平等。我们都是与众不同的，拥有着不同的天赋。**事实上，我们也许在这条探索之路上走得比别人远，不过我们仍然没有因此比别人好或比别人差。**

选择你的态度

我们所有的思维和行动都是目标导向的：它们不是在建立我们的人生，就是在摧毁我们的人生。正如许多自我成长和“吸引力法则”

的图书所言，态度上一个小小的改变就足以转化你的世界。以下是我们的四大有效法则，我们建议你每天运用这些法则去提醒自己。

承诺

若要拥有成功的关系，我们需要持续有意识地承诺于我们的伴侣（事实上是每天），并且抛开那些我们比他们优越或差劲的信念。无论发生什么事情，永远心向着你的伴侣，带着感激、欣赏与温柔之心，这些都是爱的本质。要有意愿和决心让你们的亲密关系更好。

有意愿

我们不需要解决所有的问题，了解我们所有的神经系统，理解我们大脑错综复杂的运作，也不需要拥有心理学专业的博士学位。**我们唯一需要的就是意愿：愿意学习与寻找更好的方法。**当我们愿意开放心胸地虚心学习时，我们需要的老师、书籍、启示，自然会奇迹般地出现。正如有句话所说：只要你有足够强的意愿，整个宇宙中的任何事物都会为你让路。

信任

就我们的经验而言，在任何情况下永远都有出路，前提是我们愿意学习和改变。当我们意识到我们所坚持的看法并不一定是对的时，那么我们就别再“自以为是”，学习信任他人与生命中所发生的情况，看看这一切是如何指出我们的误解之处的。**鼓起勇气，不管这个感觉或情绪是什么，就是与其共处，并且穿越它，进而从中建立你对自己和生命的信任。**我们开始明白他人并不是真的故意惹恼我们，而是因为他们内心有未被疗愈的痛苦，因此我们要学习敞开自己的心胸接受他们，因为我们怎么对待生命，生命就会以同样的方式回应我们。

重视自己和你的伴侣

在这个领域研究多年后发现，**我们幸福、快乐与成功的最大障碍是我们的自尊心**。许多人用努力工作、角色或无数的其他补偿来掩饰自己的无价值感。表面上，也许我们表现出在生活上如鱼得水，但是我们心知肚明这并不是事实，而我们的伴侣往往也是如此。不过，我们可以改变，并且以相对简单的方法改变它。**第一步就是看重我们生命中的人、事、物**。当我们看重周遭的一切时，我们也会开始看重自己的价值。当你下定决心，并且愿意相信生命中任何情况所带来的课题都将助我成长时，你将会感到你的生命更有价值，同时内心也会充满赞赏与感激。

永不放弃地忠于自己

通常当我们面对无法解决的人生问题或处境时，我们就会委身配合，而不是解决该问题。**然而，生命之所以会出错，是因为要借此向我们指出“我们需要改变与学习的地方”**。如果我们拒绝从中汲取教训或借此责怪他人，那基本上我们是坐以待毙，等同放弃了。

当我们开始委身配合自己不喜欢的情况时，这意味着我们并没有处理我们本来该处理的问题。过不久，当我们回顾自己的人生时，我们反而搞不清楚自己究竟在做什么。我们亲密关系中的爱去哪儿了？**于是我们渐渐明白，原来我们花了大半辈子调整自己配合环境，做一些不该做的事情，到头来我们却失去了曾经认为重要的一切。**每当我们委身配合时，我们就是在打击自己，打击我们的能力，打击我们内心真正的渴望。大丈夫能屈能伸，但是当我们该伸不伸，该屈不屈时，这都是一种软弱的象征。**所以，鼓起勇气面对你要面对的一切吧！勇敢地忠于自己，并且在我们的能力范围内，过上我们想要的生活。**

我们要跟随我们的心，并且为我们所坚持的信仰奋力一搏，这并不是意味着我们要与身旁的人对抗。我们要学习的不是与伴侣抗争，而是为我们俩的关系努力地奋战到底，我们彼此尽全力地改进并提升我们的关系，并且意识到这是我们生命中最重要的事情。拥有一段美好的亲密关系的回报就是让你心想事成，这是你生命中最重要的基石。而且无论你身在何处，你将永远不会感到孤单。

分手也值得感谢

有些关系是一生一世的，有些亲密关系则不是。**亲密关系并不在于时间的长短，而在于成长（当然，我们在此所谈的并不包括一夜情）**。所有关系的主要目的就是要让我们了解自己、发展自己——自我成长。一旦在个人成长上学会我们该学的课题后，有时候是真的会走到分手再继续前进的时刻。

从以下几点你可以看出你们是不是平和地分手：

- 你们仍然是朋友
- 你们双方同意分手
- 你们不会埋怨过去在一起的时光
- 你们都有成长，并且从中吸取教训
- 你们后来各自都有良好的亲密关系
- 如果你们有小孩，他们不会感到若有所失。事实上，假设你们有新的伴侣，你们的孩子会觉得他们可以多一个妈妈或爸爸
- 没有罪恶感或难受的感觉

但是，如果你们之间不管是谁有厌恶对方的感觉，你们无法忍受共处一室，或者你们之间没有任何交流且有很深的鸿沟时，这就表示你们这段关系的目的，到目前为止尚未达成，这其中还有尚未学成的课题和尚未化解的情绪，有待你们共同去面对与处理。如果你们放任不管地去结束了关系，这些问题就很可能会在你们的下一段亲密关系中继续上演，或者结果就是你们都无法再拥有一段新的亲密关系，因为你们早已放弃，或者因为感觉太痛苦，不想再让自己受到伤害。

当然，如果你在关系中受到身体、性或精神方面的虐待，那么离开并且寻求帮助是正确的决定。在这样的情况下，除非有一方足够勇敢地采取行动，不然这种虐待的关系是不会改变的。**很重要的原则是，尽你所能，千万不要伤害他人，同样也不让自己被他人伤害。**

平和分手的关键在于，永远要对自己和自己的感觉负责任，更重

要的是，放下坚持自己是对的。

平和分手的关系中没有责怪。当你认为自己是“对”的时，不久之后会成为前任的人一定会与你抗争。所以，如果你们已聘请律师，并且准备上法院，那么你们就是在抗争，而且铁定不会有赢家。你要意识到你们都在抗争，也许你们的方法不同，但你们就是在对抗彼此。就我们的经验来看，如果你不再坚持自己是对的，不再与伴侣对抗，你的伴侣自然也就会不再与你抗争。向朋友或亲戚贬低或唱衰你的伴侣（就算你所言属实），这也是一种斗争的方式。

如果这其中涉及小孩，那你们就更要明白，身为孩子的父母，你们终其一生与孩子都脱不了关系。那么问题就来了：你们要尽力地做到维持一段良性的关系，好让孩子不会受到冲击，还是要孩子在你们俩之间选边站地表态呢？

当亲密关系很明显地到了尽头时，双方其实都在不自觉地做好了关系要如何结束的打算。假设你没有做一个有意识的决定，那么你就要很清楚，你潜意识里的决定将主导你目前的情况。不过，在任何时候，你都可以做一个有意识的决定，重新设定你想要的结果。

若要有良好的分手关系，你们一定要坦诚地、不断地沟通出你们的要求与希望、你们的想法与情绪。你们可以以此为基础一起设定双方都想要达成的目标。

时时警惕自己将沟通变成一场争吵。如果你感到受伤或失望，你就会不由自主地怪罪对方，或让对方难堪。当这股动能出现时，你要意识到它并且摆正自己，让自己回到沟通的正轨。

如果涉及第三者或一段新关系已经开始，那么你们最好要实话实说，千万不要刻意隐瞒，而是要不断地沟通寻求解决之道并且维系双方的友谊。同时，避免做一些让你心生内疚的行为，因为罪恶感对任何关系都有绝对的破坏力。

确保分手不是藕断丝连，真的是完全结束伴侣关系。也许你们会有生意上的往来、共同抚养孩子，不过在财务上，你们要白纸黑字地划清界限。你们之间不要有任何纠缠不清的实际事务，因为这些只是反映出你们俩在情感上的未尽事宜。

分手后，请感谢你从这段关系中所学到的经验教训，并且感谢你的伴侣。不拖泥带水地明确地解决问题，是一种更有效的生活方式，因为你会记取过去的教训，将之视为未来人生的一股助力，而无须在下一段关系中再次从零开始，并且重新经历过去的种种难题。

第四节

好好地谈一次心

我们生来就该发光发亮，永远像孩子一样。

我们的故事：十年婚姻两茫茫

苏珊： 1990年我和杰夫的婚姻迈入第十年，我向他递交离婚协议书到现在已经二十多年了。（很幸运，在了解了亲密关系的真相后，我和杰夫又复合了。）当时我非常绝望，用尽所有的精力装出一副坚强的样子以应付我的家人、朋友和周遭的世界。我假装一切没事，直到筋疲力尽，无法再靠谎言过活。承认挫败对我真的很有杀伤力，但是终于还是承认了失败，这反倒让我松了一口气。

我想要摆脱这一切悲惨的困境，将所有痛苦的感觉抛于脑后，继续向前。然而当时我不明白的是，不管怎样，我根本就是在原地踏步。除非我真正地面对并处理掉那些痛苦，不然我会把这些痛苦原封不动地带进我的下一段关系。

杰夫是我的第二任丈夫，所以这是我第二次失去我的真爱，而且两次的离婚都是和其他女人有关。这到底是怎么一回事？为什么我总是吸引一些背叛我的男人？

这本书正是记录了我和杰夫如何从一见倾心到濒临离婚边缘，再到挽回婚姻的一段旅程。就我而言，这个旅程一点都不轻松，有时简直就像身处炼狱一般痛苦。然而，如果没有经历这些痛苦，我是不可能有任何改变的。我真的很庆幸自己愿意冒险让杰夫再次回到我的生活里，这样的冒险所带来的回报已远远地超乎我的想象了。

杰夫：作为一位年轻、健壮的水手，毫不夸张地说，有段时间，我在每个港口都有一个情人，我曾经视自己有着一个狂野独立、自由的灵魂。我用一种“男人就该做些男人的事”的心态来对待我的婚姻和家庭，只不过当我即将失去一切时，我终于不再坚持。我原本以为自己不需要任何人或任何事。然而，生活给了我一个“二者不可得兼”严峻选择：要么选择继续过我所谓独立自由的生活，要么选择为我的妻子和两个小孩负责。

做决定之前的苦恼让我夜夜难眠，苦思不已，因为我试图想要弄懂这一切。我原以为自己所向无敌：无论要征服哪一座山，哪一片海域，哪一种野兽，都难不倒我。不过，一谈到我的情绪问题，我就成了一只软脚虾。我最终还是鼓起所有的勇气，承诺与苏珊共同面对我们之间的问题，最终的结果意外珍贵。这趟艰难的旅程，不但让我沉浸在幸福、忠诚的亲密关系中，同时也引领我投身到一项意义非凡的事业中。这就是我们的故事，过程就像坐过山车，充满刺激，但不可否认，它让我们不枉此生。

所有的犯错让我们成为关系专家

我们在1974年认识，1979年结婚，当时苏珊怀了我们的第一个孩子。到1990年时，我们已分居两年。后来我们共同参加了知见心理学工作坊的学习，让我们从离婚的边缘破镜重圆。于是，我们开始传授我们的经验，到目前为止，在英国及全球其他地方，我们总共接待了大约750个私人个案咨询并带领过一万名以上的工作坊参与者。看来是时候将我们所有的理论、经验和知识编撰成书了。

有些人称我们为亲密关系专家，而有一种说法就是：一个人在某个领域犯过所有的错误，他就成了专家。如果是这样，那我们还真称得上“专家”了，我们是历经挫折才学会婚姻的长久之道的。

现在我们知道拥有一段良好关系是幸福与成功的人生的基石。反过来，不幸的关系造成的重负会让我们消沉。同时我们也明白这无关乎运气，我们可以遵循一些原则、应用技巧来创造我们想要的良好关系，基本上，我们想传达的就是这些原则和技巧。

苏珊： 当杰夫和我分居时，我就不再梦想拥有幸福美满的关系。当时我在家为一家教育出版公司工作，同时我们还成立了一间广受欢迎的托儿所，当初还是因为自己的两个小孩才建立的。尽管我在事业上小有成就，在夫妻关系的处理上却是一团糟，就好像命中注定我要像无头苍蝇一样穿梭在亲密关系之间，随机寻找一些平和与快乐。那种感觉就像难以明白别人的想法或需要，或难以预料下一段关系是运气还是永恒的承诺。我觉得自己让父母失望了，他们尽其所能地支持我的每段婚姻。毋庸置疑，我对自己失望透顶，而最令我失望的是我的丈夫们：他们都不是我心目中想要的那种伴侣；他们都不可靠，对婚姻不忠；如果我没生气或疏远他们，或者我情绪激动乃至心碎，他们就无法跟我做任何有意义的沟通。

当我越对身边的朋友，甚至任何一个愿意倾听的人抱怨我的情况时，我的感受就越糟糕。而且我的多个潜在的追求者正是被我的这种情绪吓跑的。因此，这又进一步地加深了我的心碎，并且在潜意识里我把自己强化成一个善良、委屈和无助的受害者。渐渐地，我将我的感情生活都放在了两个年幼的孩子身上，因为毫无保留地爱他们似乎比较安全与简单。

我清楚地记得，这一切发生改变的那一刻，我心里燃起的希望。当时，我一如往常地向我妹妹倾诉自己的处境，而她的全心全意的支持对我而言是无可替代的。

突然我吐出了“失败”这个词，那时我才发现，要讲出“失败”对我是多么困难，以前要我承认失败几乎是不可能的。我花了大把时间和精力责怪我的伴侣，并且在潜意识里塑造自己是善良的那一方，要接受自己的失败感觉就好像情绪大翻转，一切大变。同时，我意识到家庭破碎自己要负的责任，我也放下了那个“杰夫要成为我心目中的理想的伴侣和孩子们的父亲”的梦想。就在那一刻，我感到前所未有地轻松自在：自在地做自己，也让杰夫自在地做自己，我们一起自在地迈入一个与以前不同的未来。

难道改变生命的际遇真的就是这么简单吗？

答案是“一点都没错”。生命的际遇开始转变就是这么简单，不过，最主要的是态度上的转变。不久之后，在参加完一个三天的心理学工作坊后，杰夫来到家中看望我们，他也变得不一样了。突然间，一切都不再是我的错，我不是他生命中最大的错误。他提到他如何将我们的关系搞得一塌糊涂，想要为此负责。那一刻他似乎变得温和，更愿意聆听而不是一味地大声说话。

当然，我花了好几个月的时间才向他承认“我相信他的改变”。确切地说，一部分是为我过去所有的等待进行的小小的报复。另外，在我答应再给我们的关系一次机会前，我也想要杰夫证明他会持之以恒地保持他改变后的新态度。

我们生命的转折点，在于我们意识到自己可以学习亲密关系之道，而我们希望这本书能成为你生命的转折点。或许书中某些句子、原则、故事或练习，会带给你心中一丝希望，激励你创造更加幸福美满的关系。

由于我们再次承诺于我们的婚姻，因此我们需要继续，通过客户、工作坊、写作，以及我们的孩子和我们自己不断进展的亲密关系学习。

我们现在知道，一旦其中一位伴侣不再坚持自己是对的时，另一位也会这么做。由此可见，**了解亲密关系的相处之道并且在日常生活中掌握运用是婚姻成功的关键**。

奇迹课程：爱与宽恕的力量

我们的亲密关系和事业之所以能够成功，要归功于我们的良师益友——美国治疗师恰克·史匹桑诺和兰西·史匹桑诺，他们夫妻共同发展的知见心理学。知见心理学是一门巨细无遗的心理学模式，目前在全球广泛授课，它是根据已故的海伦·舒曼和威廉·赛佛两人合著的心灵实用手册《奇迹课程》中的爱与宽恕原则发展而来的。当时他们都是纽约哥伦比亚大学医学院的临床心理学教授。该手册 1976 年首次出版，目前已成为一种世界潮流。

奇迹课程不只对我们，而且对全球的知见心理学组织有深远的影响，它的影响力还扩及世界其他领域。曼德拉在其就职演说中引用一段出自美国著名奇迹课程导师和畅销书作者玛莉安·威廉森所著的《发现真爱》中的一段名言，你也许会想起这是朋友中相互转发的其中一封励志的热门电子邮件：

> 我们内心最深层的恐惧不是来自我们能力不足，
>
> 我们内心最深层的恐惧是来自自己那些无法度量的伟大力量。
>
> 我们真正害怕的是我们的光芒，而不是我们黑暗的一面。
>
> 我们会问自己：
>
> 我是那个既卓越又美丽、才华横溢且光芒四射的人吗？
>
> 事实上，你为什么不是呢？你是神的孩子啊！
>
> 看轻自己，让自己变得渺小，对世界并无任何帮助。
>
> 畏缩地展现自己，好让身边的人不会感到不安，这一点意义都没有。
>
> 我们生来就该发光发亮，永远像孩子一样。
>
> 我们天生就是要彰显内在的那份神的荣耀。

这份荣耀并不只是存在于我们之中的少数人，而是存在于每个人的心中。

当我们自己散发光芒，我们就会不知不觉地赋予别人同样的能力。

当我们从自我的恐惧中解脱，他人也会因为我们的出现而得到解脱。

不管在英国还是其他国家的工作坊，我们已无数次地见证过这个原则的影响力。大多数人的内心深处在某种程度上对自己有缺陷、不够好，或者根本没有价值等这些信念坚信不疑，而且我们早已习惯这些底层隐晦的“程序”，并且让它们成了我们生活运作的准则。

透过疗愈数千个个案，知见心理学创始人之一恰克·史匹桑诺**从中意识到人们最深层的恐惧是害怕拥有一切和尽情展现自己，成就自己最大的可能性**。我们让生命充满问题与障碍，以此困住自己，甚至沉溺其中，以确保自己停滞不前，而让自己变得渺小似乎比较容易一些。**事实上，我们都可以得到想要的一切——不过，只有在我们全心全意地投入时才会心想事成**。如果我们敢于承担且全心全意地对自己深信的目标保持坚定的决心，我们就可以穿越对自我的设限，就像曼德拉一样，我们甚至可以战胜残酷的压迫。

人与人心理学：成就自己的最大可能性

在第一次工作坊中，恰克对亲密关系抽丝剥茧的讲解引起我们的注意，最终帮助我们夫妻从分居到复合。恰克是一位具有愿景、条理分明且风趣的老师，他不断地教导并启发我们，而他的教导就是他个人的经验。另外，就在你承认内心的恐惧或不足时，他会用一种方式让你感到被爱护和被支持。

在二十岁那一年，恰克于美国宾夕法尼亚州匹兹堡一所神学院接受天主教神父一职的培训。他说：

“我一直在寻找答案，关于为什么我的家庭会这么不正常。小时候我就能感受到父母和兄弟姐妹内心的痛苦，当时我因为不知道该如何帮助他们而感到茫然。于是，我发誓长大后，要竭尽所能地帮助人们走出这样的伤痛。当我意识到从事神职并不能帮我实现这些后，我离开了神学院，并且做了三件事：第一件，我开始接受训练，成为一位心理咨询师；第二件，‘亲身考察’——通过拥有多段亲密关系和犯下无数错误的办法来进行观察；第三件，我祈求能够有一本书出现，可以教导我如何拥有美好与爱的关系，并且带我回到那个心灵深处的家。

“在我服务于退伍军人和海军陆战队药物及战争问题康复中心的那一段日子里，我开始发展知见心理学。当时我们的治疗预算被削减，于是我展开直觉疗法以探究更深层的潜意识心灵，这样我才可以更快且更有效地进行心理治疗。然而，我对于来自心灵深层的某些答案感到惊讶，甚至非常震惊。”

终于，在从事八年的治疗师生涯后，一位同事建议恰克读《奇迹课程》一书。“发现这本我一直在祈求的书真是人生一大乐事啊！”他说，“这本书的原则在其他心理学文献中找不到，而这些原则让我对当时发展的直觉疗法更加肯定与自信，我认为若要达到确实有效的治疗，其中课程所提及的灵性元素是不可或缺的。现在我仍然在学习奇迹课程，并且期望有生之年我会一直持续下去。”

后来我们又认识了恰克那位非常具有同理心的妻子兰西。她的阴柔面将他们共同创立至少三十年的知见心理学模式带到另一个方向，这也是本书最主要的基础。他们的成就来自他们关系的推动，并且与他们的关系交织在一起，他们本身就是一部亲密关系的秘密的活教材。

“知见心理学”一词意味着能够超越我们个人的苦难，从一个更高层的心灵角度看到一个更远大的愿景。我们相信曼德拉之所以成为当今的圣人，其中一个原因就是他能够做到这一点。曼德拉对人类最伟大的贡献在于，他对那些残酷地迫害他和他的南非同胞的人拒绝采取报复的手段，因为他明白这是那幅“大图画”——他的祖国未来的福祉——所必经的过程。尽管个人遭受痛苦，他知道唯一的出路是真理、和解，并且最终选择宽恕。

同样地，这幅“大图画”也可以适用于每一段关系。如果我们卡在关系的困境中，认为我们的伴侣是我们快乐的最大的阻碍，伺机等待报仇的机会，那我们等于是在荼毒自己，让自己陷入困境。美国作家马拉奇·麦考特曾说：“怨恨就像自己喝下毒药，却一心期待对方死掉。”这种毒性会蔓延到我们的家庭中和孩子身上，而且能量会倍增。如果我们可以将伴侣视为一个团队里并肩同行的伙伴，有他们在身旁我们可以找到更好的出路，那么这段关系的潜力将会是无限的，而且其产生的影响的涟漪可以滋养我们的小孩和家人。

后记

Afterword

我们都需要爱的洗礼。良好的亲密关系绝非偶然，是需要学习与践行的。事实上，所有的关系不是变得更好就是变得更差，即便表面上看起来风平浪静，底层也一定是往其中一个方向前进的，而亲密关系前进的方向，就是我们选择的结果。如果我们的方向正确，我们的关系就会成为我们幸福的来源——乐趣、爱、深厚的友谊和深刻的亲密关系的来源。亲密关系就会成为我们生命的基石，并且在我们人生最艰难的时刻给予我们无限的勇气去战胜困难。我们生命中遇到的任何问题都是关系上的问题，如果我们可以找到问题背后的缘由，并且在关系中转化它们，那么我们就可以轻松地化解我们人生中的各种问题。这就是不断成长的关系所蕴含的力量。

我们衷心地盼望在这本书里，我们自己的一些教训可以启发你们，让你们回到有意义与爱的生命中，这原本就是人类天性的一部分。当人们年纪渐长时，他们不是因为上了年纪而活力不再，他们是因为沉重的心理负担、遗憾、内疚、来不及表达的想法、未实现的人生目标而失去活力。然而，若要扭转局势，永远都不会太迟，所以，当你看到人生的挑战，知道要攀登哪座高山时，你就知道穿越险境之人非你莫属，你要成为那个坚强勇敢、才华横溢的人。当你看着自己的人生，并且意识到唯有无惧的勇士才可以克服一切难关时，你就能接受你来到世上的使命就是要成为一个这样的人。

苏珊：回头看时，我不知道它是如何发生的，这一切已经远远地超过我原本预期的“爱”会带来的影响。谢谢你，杰夫，你是那扇让我进入一种全新的个人内在幸福与平和境界的大门。我知道现在的我比以往更有力量，因为我们不断地突破自己，认识更多关于我们好的、坏的部分。你总是那位勇敢面对挑战的勇士，是引发人们成长与学习的催化剂，我觉得很幸运，这一生有你携手相伴。

杰夫：这本书记录着我们亲密关系的旅程。现在是 2011 年年底，我与你在中国台湾共同带领一个工作坊，趁着午餐空当，我有时间回顾一下我们的历程。这一路走来并不容易，过程中高潮迭起。我完全明白，如果没有你的支持，我绝对不会走到这里。即使在我写这篇文章时，我们在生活上也正面对一些挑战，不过，我知道我们一定会一起攻克。一段充满爱的关系可以让一个男人无所畏惧，并且指引他的方向，我从心底谢谢你送给我了这两份礼物，我永远的伴侣。我很感激你愿意让我陪在你身边，共同分享这个旅程。

跋

Postscript

2001 年，我第一次与杰夫·艾伦老师相遇，时间过得飞快，至今已经二十年了。这些年来，老师渐渐地变成我一生中最要好的朋友之一。我对老师最大的感受是，他就像一个透明人，充满阳光，心里面想什么他就会说什么，从不隐瞒。有时候，我甚至觉得他不像一个英国人，反倒像极了我们中国人——他喜爱中餐，用筷子比我还要娴熟；我们聊到中国文化，他看我们中国人的角度有时比我们中国人自己看自己更为透彻；有人说，他就像是来自西方的当代老子，充满智慧，又带给周围人无数平和之爱。

多年来，他致力于用他一生所学帮助和教导我们，我对此非常敬佩，并且充满感激。

2006 年他创办 Vision Works Life Skills（即目前在亚太地区被称为“人与人心理学”的体系）以来，他的学生遍布全球。以华人学生为例，就遍布了中国许多城市。这群学生精心运用所学，一直在各地努力专注地工作，在企业管理、亲密关系成长、亲子关系、个人生命成长等领域做出了卓越贡献，帮助了成千上万中国人在方方面面做出改变，家庭关系、职场关系、个人生命状态都变得更加丰盛、圆满、和谐。每次接触到这些令人感动的生命奇迹，我总是想起老师这二十年来身体力行地通过一个个个案，帮助来访者一次次地深入他们的内心面对、处理、转化存在已久的问题，越来越多的来访者们的关系获得丰盛的成长，越来越多的爱与能量流动起来；他的一场场工作坊，留下了大量生动的可供反复学习和品味的案例，帮助许多人走在了活出自己使命的道路上；他一次次耐心又充满智慧的讲授，通过大量的专业教育工作者的努力得到了更大的传播。

对读者来说，这部作品会是一个极佳的媒介，帮你寻回重建生活中众多关系的可能性；它又是一部生命自助指南，让你从阅读回到真实的关系，检视你亲密关系中一个个课题，“疗愈心碎、学习宽恕、穿越心灵的死亡区期、彼此承诺……”生命的圆满成长，既是一个愿景，也是我们可以经由学习抵达的地方。

我深知杰夫·艾伦是一个多么伟大的人，也知道他活出了很多使命，其中之一就是让这个世界上的家庭中不再有家暴，让亲密关系成为人与人关系的连接起点和圆满归宿。我想这就是他写作《亲密关系的秘密》的最初的原因吧。

他经常教导我们，人生是个旅程，我希望他在接下来的旅程里能够再次来到我们中国，传播智慧，造福我们，愿他的传承者、传播者能够在中国开枝散叶，进而帮助更多的人。

时隔六年，作品的中文简体版再次跟读者见面，必须感谢为此书出版付出大量心血的朋友，也是“人与人心理学”卓越的传播者刘仁圣先生，以及无数默默关心杰夫·艾伦先生的各界朋友，为传播“人与人心理学”贡献力量和智慧的同人们。此外，我必须在此郑重地感谢郭珍琪女士，她几乎独立承担了本书翻译最初的、大量的基础工作，并为推动本书顺利出版做出了特别的贡献。这种付出是无与伦比的。

杰夫·艾伦先生永远是我最敬爱的老师及挚友。

Alex

2021 年 7 月